三元地理辨惑白話真解

馬泰青 著

繼大師意譯及註解

三元地理辨惑白話真解 馬泰青 著 繼大師意譯及註解

《三元地理辨惑白話真解》— 清、桐城馬清鶚（馬泰青）著 繼大師註譯
繼大師自序一 …… 1
繼大師自序二 …… 2
《三元地理辨惑》內容說明 — 註譯者繼大師 …… 10
《三元地理辨惑》作者馬泰青先生生平略傳及本書之來歷源流 — 繼大師 …… 16
《地理辨惑序》— 張承華 …… 21
敘 — 馬伯樂 …… 25
自敘 — 馬泰青 …… 27
《三元地理辨惑》〈上卷〉…… 29
一問 — 32
二問 — 32
三問 — 33
四問 — 33
五問 — 34
六問 — 35
七問 — 36
八問 — 37
九問 — 37
十問 — 39
十一問 — 40
十二問 — 42
十三問 — 42
十四問 — 43
十五問 — 44
十六問 — 45
十七問 — 46
十八問 — 47
十九問 — 47
二十問 — 48
廿一問 — 49
廿二問 — 52
廿三問 — 54
廿四問 — 55

廿五問——56
廿六問——57
廿七問——62
廿八問——66
廿九問——67
三十問——68
卅一問——69
卅二問——70
卅三問——72
卅四問——74
卅五問——75
卅六問——76
卅七問——79
卅八問——80
卅九問——81
四十問——82
四十一問——83
四十二問——92
四十三問——95
四十四問——97
四十五問——97
四十六問——99
四十七問——102
四十八問——103
四十九問——104
五十問——105
五十一問——106
五十二問——107
五十三問——108
五十四問——110
五十五問——112
五十六問——115
五十七問——118
五十八問——119
五十九問——120
六十問——122
《地理辨惑上卷完》……123
《三元地理辨惑》〈下卷〉……124
六十一問——127
六十二問——129
六十三問——134
六十四問——138
六十五問——139
六十六問——140
六十七問——141
六十八問——143
六十九問——147
七十問——148
七十一問——149
七十二問——156

七十三問——159
七十四問——163
七十五問——165
七十六問——167
七十七問——168
七十八問——171
七十九問——173
八十問——175
八十一問——179
八十二問——182
八十三問——189
八十四問——191
八十五問——194
八十六問——196
八十七問——200
八十八問——201
八十九問——203
九十問——204
九十一問——205
九十二問——207
九十三問——210
九十四問——211
九十五問——212
九十六問——216
九十七問——217
九十八問——218
九十九問——220
一百問——221

《地理辨惑下卷完》

〈辨惑百條說明〉——馬泰青（清）……224
〈地理十不葬〉——馬泰青錄（清）……225
〈試驗地師說〉——馬泰青（清）……229
跋——笠亭氏龍炳……232
跋——小杜氏陳詩……234
跋——繼大師……236

註譯者繼大師自序 一

《三元地理辨惑》有一百問，內容豐富，辨正三合理氣之非，極力提倡三元空風水學理是真理氣，配合山水形勢，則應用神妙；與《地理辨正疏》內的〈平砂玉尺辨偽文〉類似，是學習三元風水理氣上不可缺少的書籍。

《三元地理辨惑》原文沒有段落，錯字頗多，一些古今字體有別，作者馬泰青先生在引經據典方面時有少許錯漏，特此修正。由於繼大師將原文用白話解說，所以將原文一并整理，分兩個版本出版；除了原文《三元地理辨惑》版本外，此書名為：《三元地理辨惑白話真解》

註譯者將作者馬泰青先生的生平事蹟、《三元地理辨惑》一書的來歷及是書內容，在卷首中詳細說明。為了使讀者讀來傳神，內文全用意譯方式進行，用現代語句演繹，並加上圖表及註解。

本書尺寸採用一般A5大小版面，封面及底頁略厚，為了方便辨認，註解與原文字體不同，以古典線裝書形式出版，使讀來暢順，清晰易明。

繼大師寫於香港明性洞天

庚子年乙酉月吉日

註譯者繼大師自序二

自從東漢以來，佛法自印度傳入中國，至唐代，有印度高僧鳩摩羅什、唐玄奘及多位高僧大德等人，將大量佛經由印度文翻譯成漢文，以救度中國眾生，使佛法普傳於中土。

易經陰陽五行風水等玄學，並非由他國傳入，而是中國古代本來就有的東西。遠古時代有署名青烏子之人著《青烏經》，後「青烏」一詞，被形容為堪輿學之代名，晉朝有郭璞著《葬書》，其中開始第五句云：「葬者乘生氣也。氣乘風則散。界水則止。淺深得乘。風水自成。」

這「風水自成」一詞，成為中國古代堪輿地理學之專有名詞，一說「風水」，大部份人均知道是說什麼東西，所以晉、郭璞著之《葬書》，被視為風水學上之代表作。

至唐代，有楊筠松著《撼龍經》、《疑龍經》，繼而有曾文辿、廖金精、賴文俊等地師相繼出現，而「楊、曾、賴、廖」被喻為中國風水四大名家，明末清初有蔣大鴻著《天元歌五篇》、《天元餘義》，及註解黃石公、赤松子、郭璞、楊筠松、曾求己等人所傳下的《地理辨正注》。清、道光年間，有張心言地師再將此書註解成《地理辨正疏》，被視為三元元空地理學之經典書籍。

廿世紀初之中國，在文字文化上發生很大變化及改革，五四運動後，人們再不重視中國沿用之文言文，由於受西方文化沖擊，以胡適為首而提倡白話文，將英文之倒裝文法注入中文文法內，而現代中文之文法，多是英文翻譯之顛倒句法，例如筆者在註譯《三元地理辨惑》一書中，〈第十四問〉原文是：「何以知三元之真。名師之真。得從而學之。」

白話文是：「怎樣能知道是真的三元，真的名師而可以跟隨他們學習呢？」

這「三元之真。名師之真。」雖與白話文倒轉，但並非所有文言文都是這樣，文言文義深詞簡，極為濃縮精要，當表達風水學問時，往往在閱讀時有一定的困難，現代人未必人人能讀懂，若再經過數百年後，古文風水書籍，可能唯有專家學者始能讀得明白，而風水學問是實體的東西，不能單從風水書中學得，必須有明師現場親授不可，真正懂得風水學問的人，其中文程度並非一定高超，中文程度高的人，並不一定能懂得風水學問。

在現代，甚至有高度文學修養的學者，將中國古代某些風水書翻譯成英文，筆者繼大師曾經看過一本英文版的《地學》，中國人看不懂，深懂英文的博士教授們更看不懂，這就是翻譯的人，縱然文學修養高超，但若不懂風水學問，只是專注在文字上下功夫，直譯其文字名稱，例如：「青龍」譯作 Green Dragon，「白虎」譯作 White Tiger，「朱雀」譯作 Red Bird，「玄武」譯作 Black Tortoise。

對於風水學問的傳播，根本毫無意義，甚至對於未來真正風水學問上的弘揚，會做成一定的障礙。

在佛經經文中，現代也有高僧大德們，將古文佛經譯成白話文，看來，將古文風水書籍翻譯成白話文，正是現今極需要做的工作。能擔任此種工作的人，他必須具備以下條件：

（一）能深懂風水學問，包括巒頭及理氣，真正明白陰陽二宅的風水學問，且能尋龍點穴。

（二）有一定程度之中文水準，至少能看得懂文言文。

（三）對中國歷史有一定的認識。

（四）不是為了金錢名位而翻譯風水古書，而是為推廣中國風水文化而做。

筆者繼大師自一九八七年隨恩師 呂克明先生學習三元元空地理陰陽二宅風水先後近十年，捫心自問，已達到一定的水準，但由於風水學問博大精深，廣如瀚海，筆者實覺愈學愈有不足之感。由於學習陰陽二宅風水，必須由明師心傳口授，有一些口訣雖然並不複雜，但若沒有明師說出口訣，必定無法明瞭，所以在拜師禮上，要向當天誓盟，奉守三戒：

（一）尊師重道
（二）不得輕洩妄傳
（三）行道濟世

正如在馬泰青先生著《三元地理辨惑》中〈第八十五問〉中有云：

「蔣公（蔣大鴻）得秘傳。申明其效驗。其訣雖易。得之最難。必待其人而後語之。否則奉之千金弗顧也。於寶惜秘訣之中。亦隱喻人以勸誡之意。使人人以孝悌忠信自勉。則斯訣亦可盡人而語之矣。」

由此而知，能夠得到明師心傳口授風水秘訣，除了與明師有師徒緣份外，徒弟的心性品格、行為等，亦要良好，而自身努力學習，相信必達一定水準。

回顧筆者繼大師用白話註譯這本《三元地理辨惑》風水書籍，實屬偶然。筆者本人一不是讀中國文學，二不是研讀中國歷史，三中文程度之水準不高，只是有興趣於風水學上吧了！於一九九九年己卯年底，偶然在一玄學書局發現這書，隨即買下，手不釋卷，在閱讀後，發覺這書內容，與筆者曾學習過的三元元空學，有大部份地方相符，雖然這書並沒有公開三元元空學之真秘，但其用法、原理及經驗，已闡釋無遺。此書之原理，其重點如下：

（一）以巒頭形勢為主，為風水立論的依據。以三元元空六十四卦為用，定生旺及衰敗，以此為定吉凶生死的依據。

（二）以元空時運而定吉凶，配合山水之情，山有山之元運吉凶，水有水之元運吉凶，合於山、水元運則吉，不合於山、水元運則凶。

所以在此書中〈第九十九問〉之回答中曰：

「元空之煞無一定。山得運之處宜有山。不宜有水。水得運之處宜有水。不宜有山。不宜有而有之即是煞矣。」

這句「不宜有而有之即是煞矣。」就是楊筠松地師著《都天寶照經》中之精髓，且是歷代秘而不宣之「黃白二氣」山水秘密口訣，正是歷代風水名家所共倡之風水古法。其書中所答，全是口訣原理，是作者馬泰青先生風水經驗之談，真知者，自然有同感。雖然此書亦遭近代地師評擊，謂：「其書洋言玄空，多屬淺而空泛，並無有力之佐證。」

此語一出，正是自暴其醜，真訣怎會有那麼容易公然地公開呢！正如蔣大鴻先師說：「真訣必須待人而傳。」

筆者所讀的地書不多，但至少半百卷，但不是值得讀的地書，是不會詳讀的，況且風水之道，不著於文詞，是假於文字而使人們更加瞭解吧！並非紙上談兵！

回顧坊間有關於三元元空風水理氣之書籍，根本就是寥寥可數，而以《地理辨正疏》內之五經、《天元五歌》、《天元餘義》等，為三元元空學之經典著作。而發展至現今，三元元空學又有多家之說，孔氏、沈氏、談氏……五花八門，真教人難以適從，而孔氏之無常派更指張心言地師是曲解蔣氏之意旨，是鑿穿附會等。宣統元年，更有福建永定人賴樹堂在《地理仁孝一助》序文中說蔣大鴻附會三元元空學，一知半解而騙人錢財走肉……真真假假，各家爭鳴，各師各法，唯有各自因緣而信受吧！

這本由馬泰青先生所著之《三元地理辨惑》一書，是繼楊、蔣之後比較最真最好的一本三元理氣書籍。每次，當筆者看閱此書時，總覺得馬君說得很真實，並無半點虛假，以筆者所見，其內容之所見所聞，現今亦同樣出現，人性沒有分別，事情亦同屬一類，只是年代人物之不同吧！其理氣之法則及其見聞，實是道出筆者繼大師心底裏的說話，每讀一遍，內心深處即產生共鳴。

三元風水學問，不是馬泰青先生發明及專有的，亦不是任何一位名家所發明及專有的，更不是筆者的，只是英雄所見略同，真知真見之書，必得知音人所認同，若將來有人真得三元元空真秘，必定有所同感，知者自知，辯之無益。

筆者繼大師一向不喜歡註解別人的地理書籍，喜歡自我著作，無拘無束，喜歡寫什麼就寫什麼；但是，若註解別人名家之風水著作，第一，限制很大，跟著他人走，第二，其說法並非全合乎自己的心意及認同，第三，其說法之風水內容，註解的人，一定要全部懂得，水準要有過之而無不及，否則，不能盡解其內容真義，只是附會吧了！

在註解完此書後，筆者始明白為何蔣大鴻先師於四十四歲（生於一六一六年）在一六五九年著作《天元歌五篇》，而於晚年七十四歲（公元一六九〇年）始完成註解楊公之《地理辨正注》，註解他人名家之著作，確實比自著之著作為難，這是吃力不討好的事情，更不能胡亂解註。

筆者雖然不喜歡註解名家之風水著作，但本着對風水學問的一股熱誠，及有鑒於三元元空理氣書籍之缺乏，結果都是下了筆，當完成註解後，覺得市面上多了一本白話之風水古書，可用現代人眼光，看回百多年前的事，人事雖變，但人性始終沒有轉變。

讀者們當閱讀《三元地理辨惑白話真解》一書後，若發覺筆者之註譯有不是之處，歡迎提供意見，本人樂意接受。在未來際，筆者希望能將一些優良的風水古籍翻譯成白話文及加以註解，但這項工作是非常艱鉅的，須花上大量時間，祈望能得以完成及順利出版。

繼大師寫於香港明性洞天
壬午年季秋吉日

《三元地理辨惑》內容說明

註譯者繼大師

為了使讀者更加明白這本書的內容，註譯者繼大師現將 馬泰青先生著《三元地理辨惑》的內容作一總結。

馬泰青先生在他的風水人生路上，可分為四個階段，茲列如下：

（一）求法時期－筆者馬泰青在少年時即擅長文學詩詞，因渴求風水學問，為求明師，廿歲（公元一八三二年）即獨自四處遊歷達十六年之久，遇到五行三合、撥砂、輔星等風水師傅即往求教，更苦研風水古籍，始終未能得見風水真道之明師。

（二）學法時期－筆者馬泰青在卅五歲時（公元一八四七年），得友人張載勳之助，及同鄉總憲姚伯昂之推介，得遇李振宇明師（李師為樂亭人士，今河北省唐山市所轄的一個縣。）雖然四次遭到拒絕，但都誠懇地繼續堅持，終於獲收為門下弟子，可謂求法艱難，精神可嘉。用了約年半的時間去學習，與李師朝夕相處，竭盡忠誠，盡得李師真傳。

（三）深造時期－公元一八四八年，時馬泰青卅六歲，在得到風水真口訣之後便離開李師，但對於風水學問只有粗略認識，未能達到精微深入；隨即以十八年的時間，獨自四處遊歷，考察名穴古墳、帝蹟、皇陵，刻苦鑽研，將學到的風水真口訣，加以實踐。

考察時遇到六種地形，為：「高山、大壠、平崗、平原、平陽、水鄉。」累積豐富經驗，對於風水巒頭及理氣均非常精湛，與親友先人點穴造葬，皆有快速的吉應。

（四）弘法時期—馬泰青得其兄長馬介青學友張承華先生的勸請，請求他將風水真道著書傳世；於是馬泰青先生把平時與人們所發問的風水問題中作答，全數共一百條，編輯成書，名《三元地理辨惑》，後得以流傳至今。

是書為地理而辨惑，原因是當世庸師、時師、俗師太多之故，他們以風水為業，偽造秘本，欺騙群眾，騙取錢財，給亡者造葬風水後，令其後人得到意外及災禍，甚至令子孫絕後，得真道之風水明師，百無一人。

有些得到真三元理氣，但對於山川形勢不懂，收取福主大量金錢，卻未能給人葬得好地；筆者馬泰青對於此類人極為氣憤，故此作《三元地理辨惑》，以辨真偽，此書正為此等人而著。

是書內容，註譯者繼大師粗略地述說如下：

（一）以風水巒頭（形勢）為主—離開了地形、山勢、水流形態，就不是風水。風水巒頭的書籍，大致相同，相差不遠；但尋龍點穴，一定要得明師親自上山心傳口授，不能單看書本而紙上談兵。就算真得三元理氣口訣者，而沒有巒頭功夫，造葬時一樣會出錯，使後人得災禍；風水先以形勢為重，後配以理氣為用。

（二）以三元理氣為主—但至於理氣的派別，筆者馬泰青極力排斥三合之偽，與蔣大鴻及張心言所註疏之《地理辨正疏》內〈平砂玉尺辨偽文〉相若。由於馬氏曾學習三合理氣在先，後再遇明師習三元理氣；經他本人長期考證，三元理氣出自於《易經》，為天地萬物化生之理，主掌吉凶禍福。

他對於各家理氣派別的真偽，瞭如指掌。所以除了巒頭合局之外，方向的元運，全主掌了穴地之吉凶禍福。以造葬時的元運，配合碑墳向度的卦運，得運者興旺，失運者衰亡。

（三）筆者馬泰青並勸喻世人，以安葬祖先骨骸為念，使之入土為安，勿以邀取自己福份為目的，並説尋吉穴前，首先自己要具備福德，多行仁義道德，以忠孝仁義為心，否則，風水只為罪惡的津樑。

在擇地來説，除了説明平陽及平洋的擇地穴法外，在四面無砂繞護的平地上，只要避開惡砂凶水及凹地煞水，得乾暖之地立穴，四面築牆齊肩護墳，開門在當元旺運方位上，即可邀福。

（四）在書中，馬泰青先生解釋穴地出「富豪、人丁、壽考、科甲」的分別及大小長短；遠祖墳穴及近祖墳穴的關係及對後代的影響，解釋南北地形的分別，及強調三元理氣的重要性及其元運的長短，包括水法及向法。

水法有內水口、外水口及三叉水口，要配合三元理氣的元運及方位。擇日造葬的日課為次要，只是避開三煞、刑沖、相尅、五黃即可；他認為只要是真穴，又是當運，配合年份，逢文魁二星所交會之方位，即可出科甲。

（五）筆者馬泰青閱歷無數墳穴，得到經驗，把穴位前方位置所尅應的房份及公位細說清楚。亦解釋三合家之所謂能救人及能殺人的黃泉八煞原理、楊公及廖公之九星、陰陽二宅福力的分別、山水之龍神、葬墳與葬厝之分別。（「厝」為臨時停葬之處。）又解釋「山、隴、崗、原、平陽、平洋」等六樣穴地內太極暈之土色，闡述富貴發福大小長短的分別。最後說出得真道的地師，若干犯洩露天機之罪，會遭受天譴。

在一百問之後，卷尾有〈地理十不葬〉及〈試驗地師說〉兩篇，無非想提示身為得到真道的地師們，在給人家造葬風水時的職業操守。在〈試驗地師說〉一文中，提醒延聘地師的福主，不要以風水師的名氣為顧用對象，地師要有真材實料，始為之真明師；福主要謙卑恭敬地去請求明師給自己祖先造葬風水，兩者相輔相成，始為完備。

原則上馬泰青先生道出了風水師應有的職業典範，是一本對職業風水師有指引性的三元理氣及巒頭書籍，亦提示福主要試驗地師是否有真工夫，否則賠了夫人又折兵，得不償失。

綜合以上所說，此《三元地理辨惑》一書，值得一看，註譯者繼大師註解此書，雖化了極大心血和時間，但對於經典風水書籍的傳播及流通，已盡了綿薄之力，祈望此書能流傳後世，不枉筆者馬泰青先生及本人所付出的努力和心血。

繼大師寫於香港明性洞天
庚子年中秋吉日

繼大師

《三元地理辨惑》作者馬泰青先生生平略傳及本書之來歷源流　繼大師撰

馬泰青先生，字清鶚，又名「達菴」及「清壽」，字號「灑灑落落布衣」，於公元一八一三年嘉慶十八年癸酉年，出生於中國陝西省，後舉家移居安徽省桐城市，堂叔為馬伯樂，兄為馬介青，家中排行第三，十多歲即應考科舉，擅長文學詩詞。

於二十歲（道光十二年，公元一八三二年壬辰年）獨自客遊四方，先後遊於安徽、河北、河南、山東、江蘇、姑蘇、揚州，遠至塞外（今外蒙古中國邊界）先後達十六年之久，期間遇上三合、五行、撥砂、輔星等門派的師傅，隨即跟他們學習這些風水典籍之法，更苦研《地理原真》、《天機會元》、《金玉鐵鉛四彈子》、《地理大成》、《地理大全》、《地理綱目》、《地理人子須知》、《山洋指迷》、《羅經解》等各種風水書籍，日夜不懈，於登山考察古墳後，其證驗與這些風水書籍大有出入。

不久，得友人張載勳先生介紹，並告知他曾有姓李地師到同鄉的總憲姚伯昂先生處，此李地師能觀墳塋的地圖，即知某年當發及衰敗，某房在某年應何事等，他論墳穴後人之吉凶，有如親自目睹一樣，非常靈驗，馬氏隨即想前往拜訪李師，但李師已離開北京姚先生處。

當時馬泰青受漠北友人之聘，（「漠北」即蒙古高原大沙漠以北之地區）因很渴慕拜見李地師，於是便起程前往姚伯昂總憲處，時行至塞外（內蒙古）剛好已是第二年丁未年（公元一八四七年），姚來信謂李師已到了北京，於是馬泰青辭了高薪之工作，立刻回京，祈請李師收他為徒，但卻被李師所拒絕，於是請求姚總憲給李師為他講好説話，並且極力推介。

至丁未年之夏（公元一八四七年）始得與樂亭李振宇地師會面，約三、四次之請求下，始得獲允許收為門下弟子，並與李振宇師父相約，誓不將三元元空風水學問濫傳，是年三十五歲，後隨李師從遊年餘，乃盡得李師真傳，後又覆驗舊墳數年，始無疑惑，自嘆得真訣之難。

道光二十八年戊申年（公元一八四八年），馬泰青先生離開李師遊廣陵（蘇州揚州市）、姑蘇、北至關外（中國與內蒙邊界）考察古墳、帝蹟、皇陵達十八年之久，但只略知大概，粗略地認識其風水的作用，卻未能精微深入。

後馬氏經過刻苦研究後，曾親見六種山地形勢，南方之「高山、大壠、平崗」，北方之「平原、平陽、水鄉」，於是對於風水巒頭理氣皆能精湛，為親友們點穴造葬，甚有吉應，且有速效。

有蘇州揚州市之人曾向馬氏說，有章仲山地師去揚州看風水時，各名門望族人等，爭相延聘他，給了他萬餘兩黃金作謝禮，亦不曾給人家葬得好墳。

繼大師註：章仲山與朱旭輪是同鄉，同屬道光年間有名氣的揚州地師，章仲山於道光元年辛巳（一八二一年）仲春著有《地理辨正直解》，其中《陰陽二宅錄驗》是嘉慶十八年癸酉年一八一三年手定本。於一八七四年，沈竹礽與胡伯安，以重金向章仲山後人借閱後日夜抄錄，後改名為《宅斷》載於《沈氏玄空學》一書內。又於道光三年癸未一八二三年後收入《心眼指要》內。章仲山於道光三年癸未一八二三年著《玄空秘旨批注》，後收入《心眼指要》一書內。此書在道光十六年丙申年一八三六年出版。

於同治三年甲子年（公元一八六四年）馬泰青與其兄馬介青之學友張承華先生，在鄉間安徽省桐城市里門相遇，張氏亦曾習風水二十多年，兩人遂成為好友，且張君自卜之墳穴，亦請馬泰青先生為他作鑑證，後張承華君勸請馬泰青謂：

「既得真傳。何不示人以迷津覺岸。以惠天下之為人子者。」

於是馬泰青先生於平時人們所問的風水問題中，以問答形式而作一記錄，於同治三年甲子年（一八六四年）作成《三元地理辨惑》六十條，是年五十二歲，於是人們互相抄錄，並流傳於坊間，後有兩位客人冒言登訪求教真訣，其中一人聽後慚愧憤怒而去，另一人恭謹畏懼地求教。

於是乎，便相繼與此客人之問題作答，後再得四十條問答。於同治五年丙寅年（公元一八六六年）秋天，便編成此本《三元地理辨惑》〈上下卷〉，共一百條問答，是年五十四歲，並得張承華君作序文，繼而流傳於抄錄者之手中。

後於光緒十四年戊子年（公元一八八八年），有小杜氏陳詩先生，在其友人蔣潤生處，得到這本《三元地理辨惑》，此卷《三元地理辨惑》來自安徽省，當時在粵東坊間無此售本，杜陳詩先生的朋友見之，各人爭相索而觀看，抄寫後仍然不足以應付朋友們之需求，於是杜陳詩先生即交付予刻版印刷，以廣傳後世。並於光緒庚寅年（公元一八九〇年）秋天出版，公開廣傳流通。（是年公元一八九〇年，馬泰清先生如果健在的話，虛齡為七十八歲。）

據小杜氏陳詩先生在書後撰跋文所說，他於公元一八八八年戊子年得其師父鐵嶺山人各種風水口訣，與《青囊經》、《天玉經》、《都天寶照經》、《天元歌五篇》、《天元餘義》等經互相引証，無不吻合，並被視為真得三元元空學真口訣之書。

現代二十一世紀初，在坊間出版之《三元地理辨惑》，有台灣集文書局及瑞成書局版本，分別是精裝版及平裝版，亦有香港上海印書館出版之平裝版本，各種版本完全一致，俾使更能明瞭是書內容，讀者們最好與《三元地理辨惑》原作版本一同參閱。

繼大師註：這所有的版本，大部份都是出於五華之孔昭蘇地師在民初所收藏之百本元空秘本中的其中一本，現已公開出版於坊間。

繼大師寫於香港明性洞天
庚子歲癸未月吉日重修

《三元地理辨惑》序－張承華

繼大師意譯

風水之學說有兩類，一是巒頭，一是理氣。巒頭是論及龍、穴、砂、水，以觀察生氣為主，理氣是說元運及方位，以著重應驗為用。若無巒頭形勢，則無風水可言；若無理氣，在風水尅應上則不靈驗。而造葬墳穴時，若不恰當，則與巒頭及理氣有所關連，所以兩者是不可偏廢的。

世上以風水為職業之人，多有門戶派別之見，崇尚巒頭形勢之人，則詆譭理氣為虛無飄渺之談。崇尚理氣之人，則嘲笑巒頭形勢為粗劣膚淺之說。若找尋風水中之巒頭及理氣皆精通的人，則非常罕見。

回顧精於風水巒頭的地師們常說，自晉朝郭璞（郭景純）所著《葬書》之後，楊筠松、曾文辿（辿音：參加之「參」）、吳景巒、廖金精等人，相繼將風水學發揚得精微恰當。但若要深入明白風水學問，全在乎個人本身之心靈目巧，這自然可得到它的秘奧，而不會走入偏差之路上。

風水學上之理氣家們所尊崇之《天玉經》、《青囊經》諸書，雖傳自楊筠松及曾文辿等人，但經中有頗多之隱語詞句，難以明白。於是，解讀這經典之人，便形成有「三合理氣」及「三元元空理氣」等學派上之分別。

自從明朝以來，大多尊崇三合理氣，而明末清初之蔣大鴻地師（字－平階，一六一七年陽曆二月二日，農曆丙辰年十二月廿七日辰時－一七一四年？）獨得風水秘法之真訣，便駁斥三合理氣而崇尚三元元空理氣，他雖著《地理辨正注》一書，但真訣則始終沒有公開，只是引而不發，於是，曲解他意思的人，紛紛出現。

三元元空理氣學說，可以說是能推算出風水上之吉凶貴賤，但若不得其真傳，則能誤導頗多的人。我（指張承華）因祖先骨骸未葬，所以常閱讀風水書籍。二十年來，祖先骨骸已粗略葬畢，但我僅以形勢及土色為主，至於風水理氣，則未有涉及，不是不信，而是理氣書籍，深奧難明，能可以求教之人，實在不易找到。

馬泰青先生是我學友馬芥青之三弟，幼時擅長應考科舉的文學和詩詞，二十歲時到處遊歷，於甲子年（一八六四年）相遇於里門。彼此時常來往交談，自覺品格及學識也有所增長，間中亦談及堪輿之術，更在三元元空理氣學問上得到真正的解釋。

繼大師註：清、同治三年為公元一八六四年甲子年；「里門」即鄉里之門，古人聚族列里而居。

當他（馬泰青）勘察人家墳墓時，其吉凶得失，有如親自看見一樣，因為他十多年來，在外處訪求三元元空風水真訣，後得遇明師，又能將元空真訣配合於形勢上，所以能如此靈驗。

馬君為親友在數處地方點穴造葬，皆是吉地，且有快速吉效，他自擇祖墳，尚且正在尋找風水佳城中，本人（張承華）所卜之穴地，亦請他（馬泰青）鑑証是否吉穴，他論理氣而不離形勢，尤其是合於理氣而配於形勢，於堪輿之本體及應用上，可謂兩者兼而得之。因為這樣我便對他說：「既然得到真傳，何不把風水之真學問傳授於人呢！以解人之疑惑，且利益天下為人之子女，亦是君子行善之所為也。」

馬泰青先生亦認同，乃著《三元地理辨惑》一卷，但有關風水之要訣，則仍然未有說得清楚，懼怕泄露天機。馬泰青先生說：「學者若能領悟而通達其意思，則真訣自在其中，雖然未能完全說過清楚，但亦未嘗沒有說出其最終的秘密。」

讀者若能留心此書，則進而閱讀《地理辨正注》一書。我知道若然一旦有悟，於風水學上，必定以此為梯航而造就風水之專材，於此為叙，以告之各讀者。

昔在

同治丙寅年孟秋月叙於許昌聚星書院　同硯弟蓉溪張承華拜譔

（公元一八六六年）

敘－馬伯樂（作者馬泰青之叔）

繼大師意譯

古人造葬很崇尚占卜，好像春秋戰國時代二百四十年間，人們都依從占卜出來之指示去做事。春秋時代在魯國有善於占卜的人，名楚邱（邱音原）及梓慎，晉國有卜偃（音演），鄭國有裨竈（音碑灶）都是最出名之人，但都不能救助國家而免於篡位、弒殺及侵奪之禍害，因為占卜是數也，仍是根據氣數而聽令於天。

直至漢朝之管輅，晉之郭璞，開始著《葬書》，始說明巒頭形勢，但仍未說明理氣。自從唐宋之楊筠松、曾文辿、廖金精、賴文俊等明師出現之後，於是乎談及風水吉凶禍福之事，瞭如指掌，但仍未說及理氣部份。自明朝萬曆以後，便有三合、雙山五行、撥砂、輔星等各種書籍相繼而出，皆視為古本罕見之《海角經》及《青烏經》。

最近，人們多以一行禪師及目講禪師之學說為宗，各家各說，難以明白其真偽，在施用於墓宅時，有驗有不驗。靈驗者，怎知道自己是否僥倖地猜中呢！不靈驗者又怎知道並非胡作妄為呢！

唯獨蔣大鴻先生清楚明白三元理氣，以天運之推算，分辨人事之吉凶休咎，根據巒頭形勢而使用理氣，奪天地之造化以積陰騭之功德，顯示以往，並觀察將來之事，而達到趨吉避凶之效果，非常精確靈驗。但往往另有秘傳而很難遇上真正之風水學問，若非發自內心並且謙虛地尋訪明師，是很難得到真詮的。

我的唐姪清鶚（馬泰青），壯年遊歷四方，留心各處之風水達十多年之久，乃在北京得遇明師，證明所學並非虛假。今著《三元地理辨惑》一書，以消除世俗錯謬之見解，今反覆探究，對當今之世，頗有益處，此書行將出版，本人以此為序。

昔在

同治丙寅孟冬　叔馬伯樂星房　書於隨遇而安之室（公元一八六六年）

自叙－馬泰青

繼大師意譯

近世風水地學的學問，不愁無書，而是憂慮風水地書多屬虛假。不擔心沒有師父，而擔心真正的明師太少。真是不明白以往撰寫偽書的人，屬何居心！既然不懂巒頭形勢理氣之學，又倉促地寫下連篇文章，殃及池魚。一派之學說未說明白，又創另一派之學說，汗牛充棟，誤及世間之人。痛恨他們的祖墳未能造於龍穴上，誰為我將這些偽書投入烈火之中，使被困惑之人心中得以快慰！

一些以風水為職業的人，亦依據偽書為藍本，說的都是虛幻空泛之談，自己不知已迷謬。另一些士大夫們，從不用心研究此等學問，一旦聞所未聞，驚為神奇靈異，見到這類風水時師則各自爭先恐後地相迎，而此種術士則順口開河，胡說八道，致令孝子慈孫一片虛心，表面上以為得到風水寶地而帶來富貴，實際上帶來禍害。雖然社會上出名之達官貴人，以為用風水可以令致人民走向幸福平安之路，但都逃不過江湖術士之欺騙，不能挽救自己的敗亡，可惘！可嘆！

凡歷代名師，雖然可以明目張膽地以風水真訣示以天下之人，對於他們來說，這並非是一件難事，但這樣無如令奸惡之人增多，令正直之人減少，恐怕奸惡之人能識得天機而有非份之妄想，故有守口如瓶之戒，便做成被人譏笑為因噎廢食。

然而風水秘訣收藏雖深密，於各經傳註解中，亦未嘗沒有說出其真正口訣，但必須等待祖先家世積有仁德之賢人而口授心傳，以繼承千秋之道脈，又何嘗以吝嗇之心而作出對俗人有所壟斷之企圖呢！所擔心者，有誠懇迫切濟世之心，著書立說，而與偽術混淆，誰人能分別其優劣呢！則我這樣囉嗦地伸辯，亦未免多事了。

昔在

同治丙寅孟夏 龍眠灑灑落落布衣 記於知止山房（同治五年公元一八六六年）

《三元地理辨惑上卷》桐城－馬清鶚（馬泰青）著　繼大師意譯

堪輿之術，自古至今，代出名師，他們在研究推測之下，可謂極為詳細且非常精確；而名師間中在世間出現，不嘗得遇，即使有口傳心授，在世上又不獲多聞，其中又有人假託名師，妄稱得到真訣，在這種風氣之下，繼而滋生蔓延，所以敢用偽術以欺騙世人，不過被葬之死人，又怎能說話呢！偽師將棺木葬入土中，即收受禮金而去。至於禍害，發生甚速，近者則為期半年，遠者為十多年方見；而施用偽術之人，又自誇其所點取之結穴具有力量，應該在三五十年或百十年必發，比起行醫之人，在早上施藥而晚間變症者，其效驗既慢，由於這樣，便可以欺騙世人。

世間之孝子慈孫，因祖地誤葬而破敗，其為害極大，真是不能盡述，而間中偶然得到吉葬，則自誇是真知灼見，像十分靈驗似的。其實，確有憑據之人，百中無一。

筆者（馬泰青）二十歲時，常聽聞風水家言，又見龍角牛眠之說，心中暗自仰慕，隨即搜集各種地理圖冊，冥心思索，無有間斷，凡是聲名顯赫之地師，必定竭誠向其請教，其談論形勢之人，有精有不精，尚屬大同小異。至於說理氣者，則說三合五行、撥砂、輔星等，純是捕風捉影之說，俗稱所謂「鐵嘴行」是也。

於道光丁未年四月（清 － 道光二十七年，公元一八四七年），始在北京遇上樂亭之李振宇先生，後始知有得管輅、郭璞、楊筠松、曾文辿之風水技藝者存在，於是便執弟子之禮，隨師從遊久久，盡得其真傳，此後所到之地，覆驗舊墳，雖數百年之久，而斷之無不吻合，亦不敢輕易告訴別人，恐怕犯上造物之禁忌也。

同治甲子（同治三年公元一八六四年）十二月，老朋友蓉溪之張子（張承華）回家鄉（安徽省桐城市）安葬親人，他亦是精於巒頭形勢之人，與筆者（馬泰青）日則同遊，夜則同住，他聽聞筆者（馬泰青）在勘察別人祖墳時能斷驗以往之事，且又能預測未來之事而具有效驗，因此他與筆者（馬泰青）說：「何不將所學的風水知識，全筆之於書，以示後人！」筆者（馬泰青）昔日曾與李振宇師父結有誓言，誓不濫傳，之後始盡得李師所傳，今不可以違背吾師之誓約也。

他又說：「姑且留下真實要旨，能令人們大概知道是何宗何派，可否？」筆者（馬泰青）不能拒絕也。於是，便以平日與人們互相問答之對話，筆錄出六十條，名曰：

《三元地理辨惑》

口訣雖然不可以說是全部公開在書內，但亦不是沒有公開的，有智慧而又有心的人，一見便自知也。

《本篇完》

《三元地理辨惑上卷》－馬清鶚（馬泰青）著
繼大師意譯

一問－近日地理多門，當以那樣為主呢？

答曰：看龍之來勢，必須要有起伏、擺動及轉折，要有屏帳，有枝腳；到結穴處時，必須有山脈環抱，水流圍繞，穴內有窩、鉗、乳、突。這種說話，人人皆能說，當去找穴地時，拉山抵水，往往點錯。而看地之法，首先以形勢為體，理氣為用，形勢一錯，則體不是體，用不是用，無論到那裏，沒有可能不錯的。以形勢為專、為主，深深明白「龍、穴、砂、水」之法，則風水地理一道，亦差不多接近了。

二問－世上談論形勢之人，對於穴星，常常喜歡用獅子、象、虎、鳳、豬、狗、龜、魚、羅漢、將軍、美女等說話去形容，對於朝岸之山（朝案之山），則有玉屏、牙笏、文筆、三台貴人、天馬、旗、鼓等。是否這樣呢？
繼大師意譯

答曰：只不過遇有龍真穴的之地，其形貌畧為相同，名師偶然這樣說，俗師便承接這種說法而成為一種風氣，見有一地，即造一名，以眩惑世人，不問是否有龍或無龍，有穴或無穴，便勉強扦葬，世人受其愚弄，則災禍接踵而來，災厄真的不少啊！

三問－看地首重形勢，而近代俗眼不知，強以為知，究竟如何是真眼力？

繼大師意譯

答曰：以風水為職業者，此類皆是不學無術之人，以此謀生，根本沒有得明師真實傳授。凡仁人孝子，或為葬親人，或欲想積德，必須閉門讀書而求其道理；登山覆驗名墳，累積了良久經驗後，則自然心中有些領略，即可知誰為明師，誰為俗士。以有正確道理及靈驗者為明師，違反道理而無證驗者為俗士，求得明師指示，便是真眼力。

四問－應該看什麼書才對呢？

繼大師意譯

答曰：有形勢（風水巒頭）之書，有理氣之書，唐－楊筠松著之《撼龍經》、《疑龍經》二經，宋－吳景鸞著之《望龍經》，宋－廖金精

（廖瑀）著之《撥砂經》，清－沈六圃（沈鎬）著之《地學》，此數本書說形勢最為恰當，其餘說形勢各類書，尚屬可以看。

至於說理氣之書，則謬誤也，惟有清－蔣大鴻著之《天元五歌》及所註解之《地理辨正注》是真風水理氣書。

五問－世間上以龍、向、水三合為理氣，其方法如何？ 繼大師意譯

答曰：風水理氣有云：「天心之正運」。其氣循環往來，以三元理氣為主，那三合理氣是固定之死板格局，例如某字龍來（以羅盤中廿四山為據），某字水去、立某字向，以乘得龍氣，消掉煞水，合得生、旺、墓庫，主富主貴，雖數十百年前，遇此等格局之地，也同一樣用法。

數十百年後，若遇此等格局之地，也如此用法。而其間所尅應之吉凶，大相縣殊。同一樣之地，前人用之而發，後人用之則敗，或在同一山中之穴地，之前為人所用而吉，之後為人所用而凶，如此這類之事，不勝枚舉，筆者（馬泰清）故謂之死板格局，是因為另有三元之真理氣操控其生旺絕敗之權也。

六問 — 若相信這樣的說法，則形勢竟然沒有主宰尅應吉凶之權力？

繼大師意譯

答曰：穴之形勢，有主宰尅應吉凶之權力，亦能主宰蔭生何種人物；穴之理氣，主宰穴後人之興廢盛衰。例如山川平坦者，則出人必溫厚和平，若能得運，則生端莊公正之貴人；若是失運，則生昏庸、懦弱、卑鄙之賤人。

山川粗雄者，則出人必強悍猛烈，得運時則蔭生鯁直、有正義感、果斷、勇敢之貴人。若是失運，則蔭生凶險、橫暴之賤人。風水地理固然是這樣，但亦宜參看個人家庭之管教及世俗之習慣如何。

繼大師註：註譯者繼大師曾勘察一穴地名「官帽穴」，葬者姓王，父母穴星為土金形，祖山是高聳的木火形尖峰，在穴上可見，此穴地點高了約十五尺；據當地人鄧老先生說，在民初約上元三運時，出了一個賊頭，帶着大約一百人，到處打家刼舍，後被官兵伏擊而亡。（非常遺憾在對稿期間剛得到消息，鄧老先生約於二〇一五年去世，鄧老太太則約於二〇一八年去世。）

此穴巒頭錯造，當逢失運之時，便蔭生凶險橫暴之惡人而不得善終，這是本人親聞之地，足以證明馬泰青先生所說的，並無虛言。得到地氣之穴，當在得運之時，則生人聰明智慧而事事順利，名成利就。遠祖之穴若在失運之時，已生之人雖聰明智慧，但命運就是懷才不遇，一生坎坷，兩者命運分別很大。

七問 — 發富發貴，為貧為賤，或賤而富，或貴而貧，或富貴而夭絕，或貧賤而人丁多及長壽，這是形勢抑或理氣所影響而形成的呢？

繼大師意譯

答曰：形勢及理氣俱有影響，山水得運則富貴，山水失運則貧賤，這是無可置疑的。其賤而富者，必是遠祖之墳得不到吉穴之地，近祖新墳得到吉穴之地所影響。

富貴而貧賤者，必是山龍得運，墳碑向度及城門水口失運。

富貴而夭絕者，必是旺運之數已盡，而當逢煞運管事。

貧賤而丁壽者，必是非真龍結穴之地，但墳穴得旺向，水當旺而得令，故有吉而無凶。

八問－俗師得一穴地，必承諾會賜給人家富貴，而事實上，人們皆未能得到富貴。何解？

繼大師意譯

答曰：吉穴美地，有四種影響：「人丁、壽考、富與貴。」而人丁為壽考之根本，壽考又為富貴之根本，若無人丁，焉能有壽考，若無壽考，則富貴將屬誰人呢？世俗人只著重富貴，故這類俗師，以富貴誘餌人。

其實，有人丁及壽考，就算本身雖然並不富貴，然而有仁有義就是，且看貪官污吏所得來之富貴，兩者誰為優勝呢？

九問－常見世上之豪富、人丁、壽考及科甲，這四樣東西有何分別？為何有兼有全、有不兼全、有長久、有不長久呢？

繼大師意譯

答曰：富豪、人丁、壽考，只要墳穴之坐山後靠主星莊重，端正高大，水法團聚，俱在旺運之中便是。

至於科甲，則全要看鄉會試之年份，有文昌魁星會於坐山，或會於水口，或會於文筆峰，或會於向中三堂之水上，俱主科甲。

繼大師註：「文昌魁星會」即流年流月紫白九星中之一四同宮。三堂即「三陽堂局」為「內明堂、中明堂、外明堂」局中所凝聚之水池或生氣。

如龍、穴、砂、水縱然十分美好，只主蔭生富豪、人丁、壽考，而文昌魁星會不着，科甲終不可得也。

繼大師註：文昌魁星未能到坐山、水口及三陽堂局，故不能蔭生科甲。

所以往往有穴地而並非吉穴，亦能出科甲，必是其穴前後左右之砂水上，有文昌魁星交會之原故；雖發科甲，但不得大貴，或旋即殞滅，其久與不久，只看交煞運與不交煞運而已。

繼大師註：香港新界粉嶺和合石有廖氏祖墳，稱為「神童地」，屬於平安地而非真龍結穴，建於清 — 乾隆十八年（公元一七五三年）癸酉年，時值上元四運，當時立向不合，故不發貴，後於乾隆五十八年（公元一七九三年）癸丑及嘉慶四年，分別改向及重修，其後於嘉興十二年（一八〇七年）丁卯年，時值下元七運，立午山子向，後有子孫名「廖有執」發得科甲，據說在數月後即亡。

神童地前方有掛榜砂，但立向失元，這就是龍、穴、砂、水、向及交煞運與不交煞運所配合而產生之結果。詳情請閱陳威爾先生著之《破迷堪輿學》丹青出版社出版，上海書局有限公司發行，一九九八年十一月初版，內第七十一 — 七十五頁。

十問 — 人之祖墳，並非一代，每代非一穴，每見發福之人，或說其遠祖得地，或說其新墳得穴，古今議論紛紛，看法不同，這是如何去判斷的？

繼大師意譯

答曰：遠祖墳穴之地，尅應蔭生貴格後代之人。近祖新墳是催貴之地。若見其人品格良好，相貌出眾，一生學問淵博但卻懷才不遇，此乃遠祖之墳有好地，才能蔭生此人，但近祖新墳得不到好地而不能催之。

有骨格醜陋，才智學識平庸，而遇上意料之外的收獲，此乃遠祖之墳無好地，僅能生出此平庸之人，但近祖新墳葬得好地而極力催之。倘若其人品及學問互相配合，逢奇遇又符合他之所學，筆者（馬泰青）則知其人必有數代好墳，不待登山勘察便可得知。

十一問－形勢縱使明白，仍然當以理氣為主，而三合又非真理氣，則何者是真理氣？

繼大師意譯

答曰：人生於天地之間，原與天地為一氣一體，雖然死後歸於塵土，又何嘗不與天地為一氣呢！故《葬經》云：「氣乘風則散。」是散什麼呢？是散其天地之氣。「界水則止」，是止什麼呢？是止其天地之氣。

氣運有「上、中、下」三元，以此氣運循環往來，運行不息，流行九宮，周佈八方；分析廿四山，占六十甲子，躔三百六十度。（躔音纏，指日月星辰在其軌道上運行。）一元有一元之氣運，一運有一運之用法，得其方法而能應用，謂之真理氣。

繼大師註：小三元中之每一個運有廿年，上元一、二、三運有60年，中元四、五、六運有60年，下元七、八、九運有60年，共有180年。一個小三元元運之中，又分出：「上元90年，下元90年，」為元運之轉換也。

小三元元運180年								
上元90年					下元90年			
上元60年			中元60年			下元60年		
一	二	三	四	五	六	七	八	九
20年	20年	20年	20年	20年	20年	20年	20年	20年

1864　1884　1904　1924　1944　1964　1984　2004　2024　2044

近代元運表

繼大師表

十二問－真理氣載在何書？能否讓我得知？

繼大師意譯

答曰：蔣大鴻先生所註《地理辨正注》，並著作《天元五歌》，二者足以稱為千古不傳之絕學。道光年間，有無錫章仲山，所增註《地理辨正直解》、《天元五歌闡義》，尤為清晰明白，可惜他只知理氣，不精於巒頭形勢；廣陵人程牧雲曾說，章仲山未曾給人葬得好墳，為他可惜。

十三問－葉九升之《地理大成》，尹一勺之《地理十二種》如何？

繼大師意譯

答曰：他們亦曾略聞這些道理，奈何他們信之不專，胸無主見，雜收偽書，不辨魚魯（即不能分辨「魚」字或「魯」字），留下錯誤的觀念，耽誤世人。不單只這樣，《乾坤法竅》、《風水一書》、《增註地理辨正疏》，俱是未得真傳，因私心而妄自揣測，擬造挨星圖，離真道愈遠，從此元空一門，又加添無數邪說。

咸豐元年（公元一八五一年辛亥年），北京有一男子，膽大妄為，自著《地理正宗》一卷，穿鑿附會，荒誕不經，尤其令人恥笑。此外偽撰之書尚多，愈出愈奇，此《三元地理辨惑》之著作，正為此等人而寫。

十四問－我們怎樣才能知道是真正之三元理氣及真正之名師而可以跟隨他們學習呢？

繼大師意譯

答曰：先生只知筆者（馬泰青）今日得到真訣，而不知筆者過往所遇到的多是偽法。自道光壬辰年（公元一八三二年道光十二年）筆者遊歷陝西、山東至北京，先後十六年，其間遇見五行三合之地師，隨即求學五行三合之法，遇撥砂、輔星之地師，即求學撥砂、輔星之法，且對待師父極之忠誠，用功勤苦，如《地理原真》、《天機會元》、《金玉鐵鉛四彈子》、《地理大成》、《地理大全》、《地理綱目》、《地理人子須知》、《山洋指迷》、《羅經解》及各種地書，日夜苦讀不懈。隨師登山時，但云某地主富貴，某地主敗絕，隨即非常詳細地引證各種地書，但當考證其人家之事跡時，完全不是這回事，直至遇見李師（李振宇）。

首先，友人張載勳先生向筆者說：「你這樣喜歡風水地理，昨日有姓李之人，作客於同鄉姚伯昂總憲之處，其人能觀墳墓塋地地圖，即知道某元運當敗，某房發，某房敗，所主何事，發生在何年；與人談及其家人之吉凶成敗時，即能知道其山墳是何山向，是何元運之地，如此靈驗。」

筆者（馬泰青）恨不得立刻與他見面，但李師已經離開了當地，筆者當時答應了漠北友人之邀請，於是進見姚伯昂總憲，以表達筆者對李師渴慕之意；當行至塞外（今蒙古）剛好才兩年，丁未年（道光二十七年公元一八四七年），姚總憲來信，說李師又到了北京，筆者即時辭去千金高薪之職，且立刻前往北京朝見李師，卻被拒絕。

最後因得姚總憲為筆者在李師面前講好說話，並且作出推介，先後三、四次往返，筆者（馬泰青）始獲李師（李振宇）允許而收為弟子。後從李師遊歷年餘，乃盡得其秘密心要口訣，回來時又覆驗古墳數年，後始對其所傳之風水學問無疑惑，得真訣是如此之艱難也。

十五問 — 如我們所說，三元理氣既真且靈驗，何以世上學風水者，百無一人，他們均相信三合理氣，並視為典範。

繼大師意譯

答曰：三合理氣之書，在唐、宋、元朝以來，尚無人所談及，自從明朝中葉以後，開始盛行。相傳唐代一行和尚之書，有「海角、青烏、銅函、玉髓、赤霆、黑囊」等各種之書籍，其內容沒有甚麼奧義，可以在晨早背誦後，在晚上可以施行，故人人可學習。

例如蔣公所註（蔣大鴻註解）《地理辨正注》，引經據典，言語奧秘，意義深詳，乃千古之心傳，可惜《天玉經》、《寶照經》二經，其仙機隱藏於註解之內，必須遇得合適之人，始傳授真訣，否則三緘其口，並不言明，所以世上學風水之人，既然難以僥倖之心態而得到傳授，所以不但不學，而且群起批評譭謗，皆有因由也。

十六問 — 像李師之地師，近世有幾人呢？　　繼大師意譯

答曰：筆者（馬泰青）自戊申年（道光二十八年公元一八四八年）離開李師（李振宇）而遊廣陵（今江蘇揚州市東北），至姑蘇（今蘇州市），北出至關外（北京長城以北），閱歷古代帝王宮殿及名墳，至今又十八年，所遇之人，或略知大概，或粗略知其作用，俱未能精於風水的細微地方。

無錫人朱旭輪所著《宅法舉隅》，頗精於挨星之法，但所說是陽宅，並不知道陰宅地脈形勢如何；此外，並未聽聞有精於風水之人，或者有，但亦很難得見。

十七問－我們所說，先形勢而後理氣，及聽聞吉凶休咎之說，又似是重於理氣而輕於形勢。

繼大師意譯

答曰：非也，理氣從那裏來看呢！凡是地形長的，就是屬於長形的龍穴，應當收某元運之地氣。氣運長的地氣，就屬於那種向度及水口，應當收某元運之天氣；正值其元運，用之則為生氣，違反其元運而用之則為死氣。

繼大師註：點得真穴位，自然能得地氣；碑墳立向收得旺山，出得煞水，為得天氣。碑墳收得當元向度及水口則旺；收得失元煞向及水口則敗。

而形勢猶如「魄」也，理氣猶如「魂」也，魂魄合，則其人有用；魂魄離開，則其人無靈。世人固然不會拿著屍體以做事，豈能招惹鬼物以代替人呢！若以魂魄作為譬喻形勢及理氣，兩者怎可以偏廢呢！

十八問－形勢雖然美好，但元運不合，可以將它棄置嗎？繼大師意譯

答曰：若然勉強使用，其凶事立至，今時之三合理氣，往往犯之，直至他們受到傷害，他們或懷疑說：「此地甚吉，應當是舊地之過失。」否則又說：「此地是先凶後吉，固然應該是這樣的。」抑或把凶事推在福主的命運上，並非是地之過失，他們東牽西就，都只因為不懂得理氣。

十九問－形勢完美者，遇見的機會已不多了，而又因為不合元運而放棄，當今世上不乏富貴丁壽之人家，其穴地又不是全部完美，則理氣將如何安置？繼大師意譯

答曰：天地間，沒有地方是沒有理氣的，全憑以形勢去推測，如閣下所謂不完美者，即有龍無虎（繼大師按：穴本身之左方曰龍，右方曰虎。）有虎無龍，或龍虎俱無，或來龍懶散，或穴情模糊不清，或砂腳飛揚，或水城不顧。

俗師以三合五行、正庫、借庫、四十八局，不能使用之，以撥砂、輔星、淨陰、淨陽又不能使用，其技倆既用盡，於是乎稱之為怪穴，豈知穴形雖怪，而理氣固然存在。合得理氣則形勢怪，理氣原不怪也，只有不合於三合五行之墳穴而能蔭發後代，斷未有不合元運理氣之墳穴而能令後代發福之理。

繼大師註：山崗龍穴之處，左右必須要有砂脈守護，後有靠山，前有平地作明堂，有案山、朝山，馬泰青先生稱為「岸山」，以上各種條件具備之下，穴位始能藏風聚氣。

二十問──元運理氣之尅應，其速度快如桴鼓（桴音呼），（繼大師註：鼓槌和鼓，意喻相應快速。）近世學習元空理氣之人甚少，間中有人學習，使用亦不靈驗，是何原因呢？　繼大師意譯

答曰：這是有原因的，蔣氏之書，文理深奧，讀書人喜歡讀，亦視作如同閱讀三合理氣之書，可博覽群書後而能獲得書中之學問，他們又不肯

屈就自己而恭敬地去拜師學藝，自逞聰明，任意猜度去解釋經文，於是產生了很多愈迷愈謬之人。

亦有俗人，仰慕元空理氣之美名，口稱得到真傳，其實他們一無所得，抑或他們因為虛心嚮往而學習，故不分辨真偽。他們所讀的不是真訣的書，所拜的師父並非得真訣的明師，以盲引瞎之人居多，故此使用元空理氣而多無應驗，致令元空理氣受到誹謗，實由這種人所引起。

二十一問—地理家所說，無不引用周易之說，為根本理論，細心核對，其實不過是說「納甲」與「淨陰淨陽」之理論而已，元空理氣是否出自於周易？

繼大師意譯

答曰：元空理氣純粹是周易，它所說的是要點，以天之氣交於地之氣，以地之本質而承托着天氣，這是說先天。

乾（☰）與坤（☷）對待
震（☳）對巽（☴）對待
坎（☵）與離（☲）對待
艮（☶）與兌（☱）對待

這些說法是後天也。

後天卦以「坎」（☵）為一，「坤」（☷）為二，「震」（☳）為三，為上元一、二、三運。「巽」（☴）為四，中五、「乾」（☰）為六，為中元四、五、六運。「兌」（☱）為七，「艮」（☶）為八，「離」（☲）為九，為下元七、八、九運。

至於在卜穴後所得出之吉凶應驗，本身是根據易經中之繫辭卦象而說，並無一絲毫牽強；不似三合以「生、旺、墓、庫」，左旋右轉作定局，以「偏左、偏右、中針、縫針」作立向，這與周易有何關係！似是癡人說夢。

繼大師註：「納甲」是三合家在方位上的親密關係，為《渾天之法》，在三合羅盤中廿四山方位上，以「乾」納「壬、甲」，「坤」納「乙、癸」，「戊」納「坎」，「己」納「離」，（「戊、己」於中宮，沒有向度。）「庚」納「震」，「辛」納「巽」，「丁」納「兌」，「丙」納「艮」。「淨陰淨陽」是用廿四山分陰陽，註譯者繼大師列之如下圖：

陽：壬、子、癸、寅、甲、乙、辰、午、坤、申、戌、乾。

陰：丑、艮、卯、巽、巳、丙、丁、未、庚、酉、辛、亥。

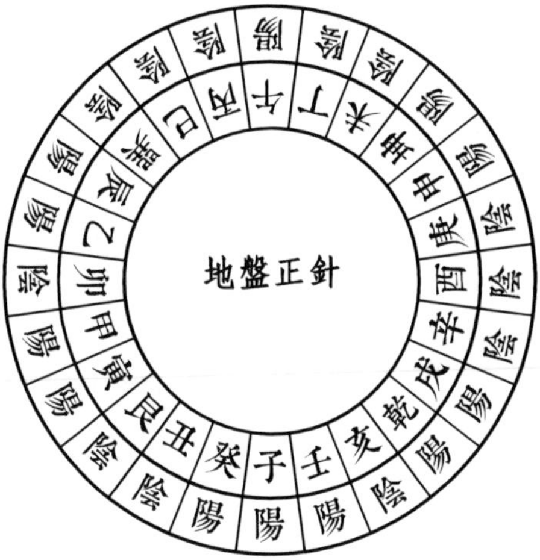

淨陽淨陰

繼大師註：後天卦以「坎☵」一，「坤☷」二，「震☳」三，「巽☴」四，中五、「乾☰」六，「兌☱」七，「艮☶」八，「離☲」九。

但若是以先天卦數來說，即是：「坤☷」一，「巽☴」二，「離☲」三，「兌☱」四，五居中央沒有卦象，「艮☶」六，「坎☵」七，「震☳」八，「乾☰」九。納甲圖如下：

澤	雷	火	水
兌	震	離	坎
四	八	三	七
巳酉丑	亥卯未	寅午戌	申子辰

先天八卦納甲表

九	甲	乾	天
一	乙	坤	地
六	丙	艮	山
四	丁	兌	澤
八	庚	震	雷
二	辛	巽	風
三	壬	離	火
七	癸	坎	水

後天八卦納甲表

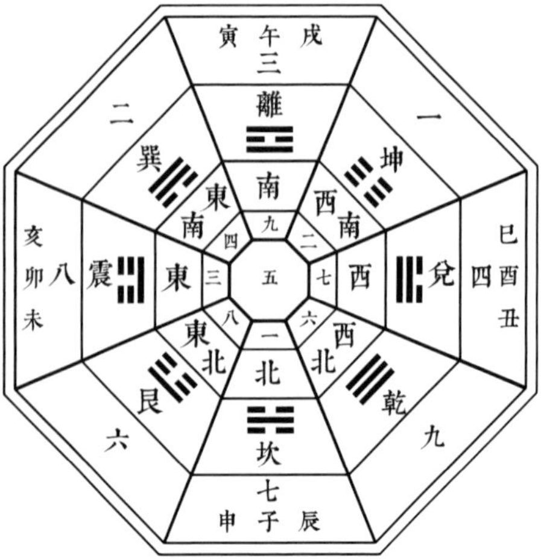

後天八卦納甲

先天八卦納甲

二十二問 — 先天八卦，起於南方之乾宮，止於北方之坤宮，（這乾坤二宮，指先天卦宮宮位。）難道只是對待而沒有其他更深奧的地方嗎？

繼大師意譯

答曰：豈止這些，在先天對待卦內，原有後天流行之卦位，並以上、中、下三元次序排列，皆包括在內，若只是對待，怎能足以使用呢！

例如：

先天「坤☷」，居後天「坎一」。

先天「巽☴」，居後天「坤二」。

先天「離☲」，居後天「震三」。

先天「兌☱」，居後天「巽四」。

坤（☷）三陰爻在一宮。
巽（☴）一陰爻在下，居二宮。
離（☲）一陰爻在中，居三宮。
兑（☱）一陰爻在上，居四宮。

這不是一二三四之部位，其地氣由下而上升嗎！

先天艮，居後天乾六。
先天坎，居後天兑七。
先天震，居後天艮八。
先天乾，居後天離九。

艮（☶）一陽爻在上，居六宮。坎（☵）一陽爻在中，居七宮。震（☳）一陽爻在下，居八宮。乾（☰）三陽爻居九宮。

這不是六七八九之部位，其天氣自上而下降嗎？

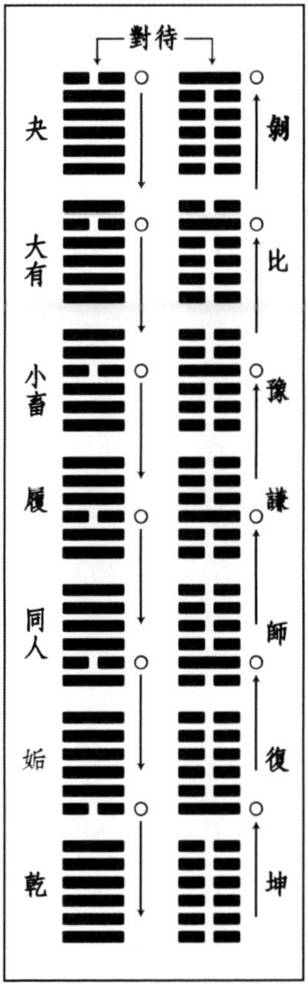

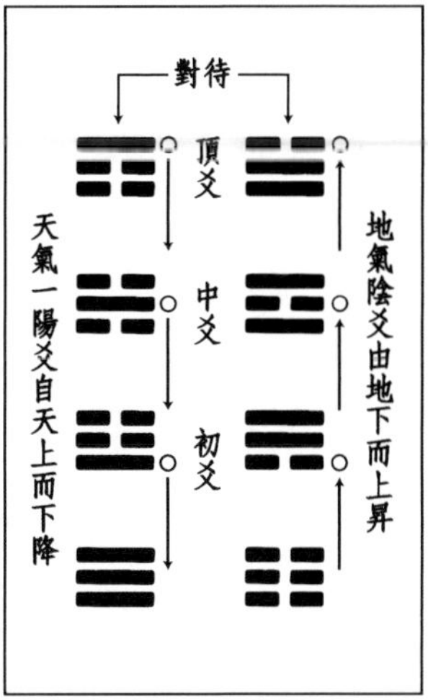

黃白二氣昇降卦象及陰陽爻神升降原理

繼大師圖解
庚子年仲秋吉日

一山一水，一陰一陽，一升一降，名曰：「對待」，其實具有「流行」之意義，立穴於中五之地區，乃天地真正之交合處，乘得時運，沒有不吉的。

他們三合家，徒然以支離之言辭，攀附周易之理，怎能足以這樣說呢？固此元空理氣之學，不是輕率下筆之人所能明白的。（註一）

繼大師註一：原文「固汫操觚之士」，汫音井，同阱。觚音姑，這解作木簡，古人用以書寫，讀書之牘，或以記事，削木為之。陸士衡著之《文賦》曰：「或操觚以捽以率爾。或含毫而邈然。」「操觚」即「率爾操觚」，形容輕易下筆之人。

二十三問－人們都一致地說三合是看山之法，三元是看水之法！

繼大師意譯

答曰：非也，人們所以這樣說，皆因蔣公（蔣大鴻先生）書中所說十分之一是山，十分之九是水，殊不知「山」就是形勢。楊筠松、曾文辿、吳景鑾、廖金精諸公已說之在前，獨是理氣隱秘而不宣洩，他們說山，很少說水。但是蔣公只是說水，不再說山，且《天玉經》、《寶照經》中何嘗不是有山法呢！

楊公（楊筠松）著作《撼龍經》、《疑龍經》二經，不說理氣，是恐怕人們混淆而令他們對地理形勢不明白，故又作《天玉經》、《寶照經》二經，並不多說及形勢，亦恐怕雜亂而令讀經的人對理氣不明白。蔣公依照經文而註解之，人們便說「只知水法」，這是多麼的錯謬啊！

二十四問 — 學習三合理氣者固然多，而相信三合理氣者更多，精於元空理氣者甚少，而相信元空理氣者更少。至於害怕它又誹謗它，為何如此呢？

繼大師意譯

答曰：「三合理氣」是公開的，所以家傳户曉，學三合理氣之人，自少沾染日久，故此相信不疑，即使或用之不吉，亦只埋怨穴地之不佳，並不知道這些不是真法。學元空理氣者，很少得到真傳，隨便或誤用，無益而有損害，於是大家便非常驚駭，聞風而散，不知道在使用時有差錯，而說這學術之不吉祥及不靈驗，他們怎會不害怕及不誹謗呢？

雖然真訣存在，對於相信與否，這關乎個人之福澤，這當中有法緣，有天數的啊！不然，管輅、郭璞、楊筠松、曾文辿，在當時不聽聞人人來求學，惟有他們死後，人們則思念及傾慕他們，後悔已來不及了。

繼大師意譯

二十五問 ─ 有用奇門葬法之人，其術如何？

答曰：元空理氣即是真奇門，龍有龍之三元元運，水有水之三元元運，元運流行於九宮；年有年之流行元運九宮，月有月之流行元運九宮，日、時有日、時之流行元運九宮。龍、水之元運得令與失令，是等待年、月、日、時之元運神煞流行而加臨於其中任何一個或數個九宮宮位內，則吉凶禍福立應，點滴無差。

俗師只有以「三奇、六儀、飛吊」依次序逐一加臨而占其數去修方，（在墳穴或陽居屋內之方位上重修）再選擇日、時即可使用，以此用作葬墳，則大謬矣。此皆是捨棄形勢而空口說神煞之流。

二十六問－既說形勢理氣統歸三元氣運所主持，又為何有年、月、日、時之差別呢？　繼大師意譯

答曰：巒頭形勢為體，理氣為用。例如：

一白運之地，可管一百六十年。
二黑運之地，可管一百四十年。
三碧運之地，可管一百二十年。
四綠運之地，可管五十年。
六白運之地，可管五十年。
七赤運之地、八白運之地及九紫運之地，俱各管六十年。

至於五黃運中，以前十年屬巽（四綠運之地），後十年屬乾（六白運之地）。（註）

俗說收二八兩宮者，乃奇門寄宮之所說。此乃筆者（馬泰青）得三元真訣後再覆驗古人墳穴所得出之結果。這與一般舊有之說法有少許不同，其年、月、日、時，又為用中之用，一層一層的使用下，而推算出將來之吉凶禍福，非功夫淺躁者所能窺測也。

繼大師註：這九星名稱，適用於多種之說法上，茲列如下：

（一）巒頭上之九星 — 楊公使用金、木、水、火、土作巒頭形勢上之五星，用以說明各種山脈山峰之形態。而廖公將五星化為九星，其名稱是：一白貪狼木，二黑巨門土，三碧綠存土，四綠文曲水，五黃廉貞火，六白武曲金，七赤破軍金，八白左輔土，九紫右弼土。此即是論山巒形勢之九星也。

（二） 理氣三元六十四卦運之九星 — 六十四卦中，分九個元運，每個元運管二十年，五運之前十年歸四運管，五運之後十年歸六運管，雖說是三元九運，其實是綜合了二元八運也。九運中各配以九星，此即三元六十四卦之卦運星是也。而六十四卦當中，有分本身卦運之九星，及六十四卦洛書數之九星，故稱為「星」及「運」也。

	上元 (90年)					下元 (90年)				
元運	一	二	三	四	五		六	七	八	九
	☷	☴	☲	☱	☱	☶	☶	☵	☳	☰
年運	20年	20年	20年	20年	10年	10年	20年	20年	20年	20年

二元九運年運表　繼大師作表一

	上元 (60年)			中元 (60年)				下元 (60年)		
元運	一	二	三	四	五		六	七	八	九
	☷	☴	☲	☱	☱	☶	☶	☵	☳	☰
年運	20年	20年	20年	20年	10年	10年	20年	20年	20年	20年

三元九運年運表　繼大師作表二

（三）三元紫白飛星之九星 ——

三元紫白是根據洛書中之九數而變成九星，分別有流年九星，流月九星，流日九星，流時九星，週流入於中宮而飛臨分佈八方，合共九宮，這紫白飛星是分上、中、下、三元之數而排列，故又稱為《三元紫白九宮飛星》。

若配合前述兩項九星而使用，此即是馬泰青先生所著《三元地理辨惑》中第二十六問中所說：

「此乃得訣後覆驗古墳所得者。與舊說微有不同。其年月日時。又為用中之用。一層一層的用。……非淺躁者所能窺測。」

上元（90年）					下元（90年）			
上元（60年）			中元（60年）			下元（60年）		
一白運（20年）	二黑運（20年）	三碧運（20年）	四綠運（20年）	五黃運（20年）	六白運（20年）	七赤運（20年）	八白運（20年）	九紫運（20年）

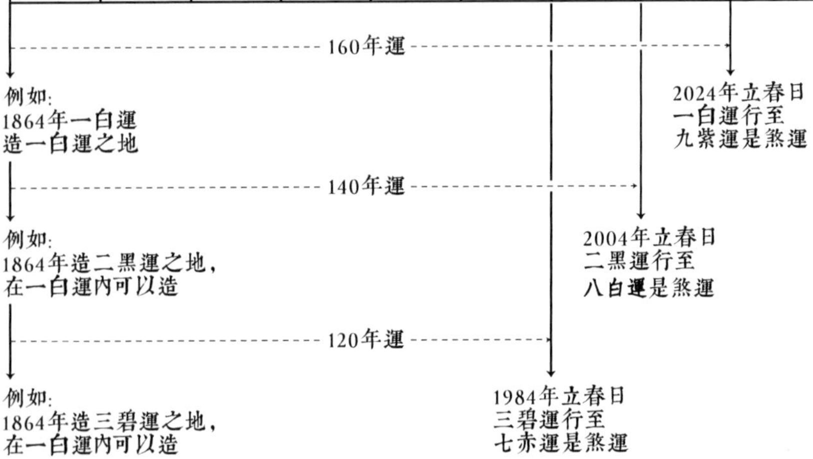

在《地理合璧》〈卷五〉〈天元餘義 — 附摘錄雜說〉（集文書局印行，第六一五 — 六一六頁。）錄有蔣大鴻先生著的〈九宮元運〉，末段云：

「中元五黃運二十年。前十年寄四綠地。六白水。屬上元。後十年寄六白地。四綠水。屬下元。故此二十年分屬上下元。名為三元。實則止上下兩元耳。」

傳統九運的計算方法，是分開上、中、下三個元運，一、二、三為上元；四、五、六為中元；七、八、九為下元，每廿年為一個小元運。上元、中元、下元各有三個小元運，每三個小元運共有60年，為一個大三元元運。

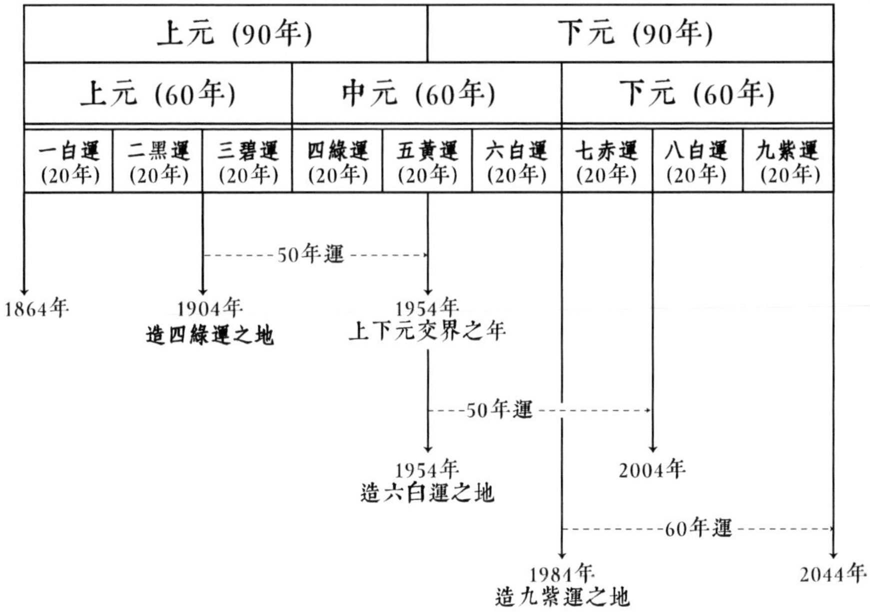

一般人是用「小三元元運」計算，一個首都、國家、皇帝宮殿及主要神廟等，則用「大三元元運」計算，九乘六十年，一個大三元元運共五佰四十年，此稱為「大三元元運」，清朝及明朝，各佔約二佰七十年，是為半個大三元元運；周朝八佰多年，為個半個大三元元運，故有謂「五佰年必有皇者興」之說。

二十七問－理氣既然已經使用，何以年、月、日、時之使用中又有其使用法呢？

繼大師意譯

答曰：當令之元運，各管廿年，每廿年一小遷移，每六十年一大更換，（註一）每一百八十年週而復始，而一年又有一年之運，一月又有一月之運。例如，在判斷墳地於何年會出「科甲」，其方法必須看其廿年大運與每年、每月之運，文昌魁星（註二）能否相會在坐山、向度、吉砂、吉水之上。

當在某房發科甲，生氣旺氣能否相會在坐山、向度、吉砂、吉水之上。當主某房添丁發財則可預知，亦可預作準備。又以年三白（註三）與月三白所臨之方安床開門，可以催丁，以元運之生旺與年、月吉星之生旺互相配合，移居改灶，可以卻病招財，均有奇驗。

繼大師註一：這「一小遷移」廿年，是指一個小三元元運的廿年，三個小三元元運共六十年。

這「一大更換」是六十年，亦是小三元元運之：
上元一、二、三運。一運廿年、二運廿年、三運廿年，共六十年。
中元四、五、六運，四運廿年、五運廿年、六運廿年，共六十年。
下元七、八、九運，七運廿年、八運廿年、九運廿年，共六十年。
上、中、下小三元元運共一百八十年。

繼大師註二：文昌魁星，是流年、流月紫白吉星之「一白」及「四綠」，一同飛臨到坐山，或向度，或吉砂吉水方之宮位，此非沈氏玄空之山星向星也。

繼大師註三：「三白」指紫白飛星之「一白、六白、八白」三吉星。

繼大師二十七問總註：流年、流月之紫白九星，是根據洛書先天之數，依流年、流月、流日、流時之排列。每年有每年之紫白九星，每月、每日、每時皆有流行之紫白九星所主事，主管所屬紫白九星入於中宮，再依洛書數順飛，臨佈八方，八方加上中宮而成九宮，主掌吉凶禍福之尅應。

九星中以各種顏色相配之，分別是：一白、二黑、三碧、四綠、五黃、六白、七赤、八白、九紫，各星中以一白、六白、八白及九紫屬於吉星，故此以「紫白星」為名。由於九星是依年、月、日、時逐一飛臨九宮各宮位中主事，所以稱為「紫白飛星」。而其餘「二黑、三碧、四綠、五黃、七赤」等五顆星皆屬凶星或吉凶參半之星，尤其是二黑、五黃同宮，主損小口及疾病。

紫白飛星之口訣，在元朝有無着大士（無著禪師）著有《紫白訣》之秘密口訣，而在清朝有沈竹礽先生將《紫白訣》之口訣納入他所著《沈氏玄空》一書內，他又自創將坐向之山星、向星放入中宮，以三合家之二十四山相配，作出順、逆飛佈，繼而成為一派《沈氏玄空》學說。

而這本《三元地理辨惑》中之說法，是以：

（一）使用巒頭形勢判斷吉凶，作為風水之根本理論。

（二）使用三元理氣同斷吉凶，以易經羅盤中之六十四卦，定出穴之來龍、坐山、向度、水口等四大要素，以六十四卦之衰旺相配，收吉峰、吉水、吉向、旺龍而配合之，而六十四卦中，各有三元元運所管，以六十四卦之外盤作為吉凶之判斷，依山水之衰旺而相配之，以六十四卦之內盤，用作推算山、水各所掌管之元運，以此作為吉凶之準繩。

（三）以洛書九星之數在年、月、日、時中運行，相配於擇日日課，此即是「紫白飛星」，由於紫白亦是根據上、中、下三元元運之數，分別編排於年、月、日、時之內，故又稱「三元紫白飛星」，由於是逐年、逐月、逐日、逐時而挨臨九宮各宮位內，故稱為「挨星」。

在造葬時不犯上五黃、二黑等流年、流月紫白星，則可避免災禍發生，因為《紫白訣》有云：「二五交加。必損小口」。

因此作者馬泰青先生在《三元地理辨惑》原文第廿七問有云：「以年三白與月三白所臨之方。安床開門。可以催丁。以運之生旺。與年月之生旺。合移居改灶。可以卻病招財。均有奇驗。」

「運之生旺」即是三元六十四卦在線度上之生旺卦線。「年月之生旺」即是三元紫白飛星中之吉星加臨方，並非指沈氏玄空學之山星向星。讀者切要留意分別，不可混淆。（可參考榮光園有限公司出版，繼大師著《紫白精義全書初階》及《紫白精義全書高階》。）

二十八問－理氣既然有長短，將毋須等待元運期限屆滿便敗絕？

繼大師意譯

答曰：穴地有南北地勢上之分別，其絕不絕，亦有分別，如南方省份之山龍，一山只可扦葬一穴，倘若龍水行上敗運，則畢竟敗矣，若另葬一得運之地，則有可能轉敗為興旺。

在北方省份之平陽龍，穴情寬大，可附葬多棺，倘若正穴之龍運、水運交上敗運，其附葬於左右之棺墓，其穴內所受龍、水之氣運，因為位置有所不同而移步換形，與正穴之龍、水亦有分別，其興旺與敗絕，當可於此中推測而得知，不得拘泥。

繼大師註：《三元地理辨惑》之作者馬泰青先生，他能夠如此清楚地說出中國北方之平陽地，與及南方之山崗地的分別，頗不簡單，這必須能夠做到：

（一）明白平陽龍及山崗龍之龍法及穴法。

（二）明白如何使用理氣去配合吉穴之來龍及水口。

作者馬泰青先生所説之「移步換形」，正是深懂巒頭形勢及理氣使用得法者之「証悟語句」，這當中有：

(一) 墳穴結穴之立向法，是立向的秘密。

(二) 墳穴位置及城門法，是水口的秘密法，當中包括有「水口管局」之原理。惟得真訣者自知也。

二十九問 — 每見北部省份富貴家庭每多悠久，南部省份之人，富貴不過五代，當在何處地方決定其分別及相同之處呢？ 繼大師意譯

答曰：分別是不難的，北部省份地平空曠，按昭穆（昭穆為古代宗法的制度）（註）可葬多棺，葬得一吉地，故此數代富貴，或數房同時富貴。

中國南方省份山龍，結穴於「窩、鉗、乳、突」之上，其穴地小，僅可容納一棺，稍有偏移，必遭界水所侵，勢必一代之後，又另扞葬一穴，若得吉地則可，否則必破敗也。故此南方不如北方，地勢之所造成，理氣原本無分別也。

繼大師註：昭穆是古代宗法制度，宗廟或墓地的輩份次序排列，以始祖居中，二世、四世、六世，位於始祖的左方（青龍方），稱昭；三世、五世、七世位於右（白虎方），稱「穆」；用來分別宗族內部的長幼、親疏和遠近。

在《周禮》〈春官小宗伯〉有載「辨廟祧之昭穆。」後來「昭穆」被廣泛使用，而指形容家族的輩分語句。

三十問 ─ 之前人有說，若葬得吉地之後，所生之人，方是貴人；若已生之人，後得吉地者，與這個無關，這說法是否正確？

繼大師意譯

答曰：得吉地主生貴人，這說法甚正確；若人已出生後而祖墳始得吉地，不能說與這個無關。筆者（馬泰青）曾在前數章所說，吉地能催富貴、丁壽，正是催旺已生之人也，怎能說與這個無關呢！試看人生正當興盛之時，忽然其祖墳葬得凶地，其人立見敗絕，難道這不是顯著的效應嗎！

三十一問－我們對於風水之形勢，必須使用理氣相配，然則「子」龍必用「午」水，「乾」龍必用「巽」水？

繼大師意譯

答曰：不能如此拘泥，所謂對待之法，在用法之中，甚是秘密微妙，難以說明，但「子」山「午」向，既然以「子」為坐山，則坐山必有化生腦（穴星山丘）。既然以「午」為向，則向之中必有小明堂（穴前平地），此乃穴內之對待也，穴後有主星父母山，則穴前有中明堂、外明堂，所以《都天寶照經》云：

「安墳最要看中陽。寬抱明堂水聚囊。出夾結成玄字樣。朝來鸞鳳舞呈祥。外陽起眼人皆見。乙字彎身玉帶長。更有內陽坐穴法。神機出處覓仙方。」

這說明形勢兼理氣，是說明水兼山，俗人不知，便說「元空」只是水法。

繼大師註：所謂「子」龍用「午」水，即是坤卦來龍，做乾卦水口，或是復卦來龍，做姤卦水口。「乾」龍用「巽」水，即是否卦來龍做泰卦水口，或是謙卦來龍，做履卦水口。

總言之，龍與水是合十夫婦卦，即是錯卦，這是固定的格局，另外還有活動的配搭方法。

《都天寶照經》經文，可見於《地理辨正疏》內，蔣大鴻註，張心言疏，武陵出版社印行，及《玄空秘本地理合璧》蔣大鴻、章仲山、姜垚、溫明遠註，集文書局出版印行。

三十二問－主山端正，龍虎均齊備，水在當面出，是真對待，倘若在左或右邊，有山脈來作案山，水必有到左或到右之分別，其對待應該是怎樣呢？

繼大師意譯

答曰：問得真好，任它（指水）到左到右，而結穴處後方必有脈有腦，前必有微微茫茫的界水及小明堂，先於此處認定真對待。至於水之到左到右，乃本宮之內水口，細察其理氣，合得何元何運，元運吉則吉，元運凶則凶。

在左方屬長房，在右方屬小房；俗人每謂有青龍砂則長房發，有白虎砂則小房發。殊不知吉水在左方，雖無青龍砂而長房亦發，吉水在右方，雖無白虎砂而小房亦興，凶水亦是這樣。

曾見《地理人子須知》書內有一圖云：「有龍無虎。大江在右。小房大發。」

他無以自解，忽然悟得此句，云：「水纏即是山纏。」自以為奇，不知道山屬陰也，水屬陽也，以水為山，將陽作成陰，呼男代女，豈不是令人笑煞。

繼大師註：「案山」即穴前橫闌護穴之山，「有脈有腦」，即穴後之父母山丘；「本宮之內水口」，即是理氣之水法。穴本身之左方，為青龍方；穴本身之右方，為白虎方。穴左右之砂脈宜拱抱穴方，左右之水流亦是一樣，以順弓抱穴為吉，以反弓背穴為凶。

三十三問－南方省份的山龍，多係龍虎作岸山，或近山或遠山來作朝岸，北方地方屬平陽地，四望空闊廣大，有一水橫過，略為作一彎曲，即就彎曲處而立穴，或有一水直流，旁有一水插入，即就其交合入口處而立穴。或有水橫過，左有一水插入，右有一水插入，中間有地一塊，方平如几（几：矮而小的桌子。）即就其中而立穴者，既無化生腦，又無小明堂，到此地之位置，毫無把握，當如何安置對待之理氣？繼大師意譯

答曰：有一水橫流謂之靜，有一水略為彎曲謂之動，雖然直流之水謂之靜，若有水插入即謂之動也。陰靜陽動，靜則死而無用，動則生而有用，其形勢即動，而氣則隨之。

觀察其水流屬於何卦及何元運，乘其生旺而扦葬之，無有不利也，內中自有一個對待。在一般人來說，見其不似山崗龍般那樣易尋，只見其依水點穴，故謂蔣公（蔣大鴻先師）說之元空，是看平陽水龍之法，殊不知其道理相同。況且元空理氣自古就已存在，非是蔣公所創，只是在蔣公所標榜下而出現，世上誹謗元空理氣之人，竟然直指蔣公，真是可笑也。

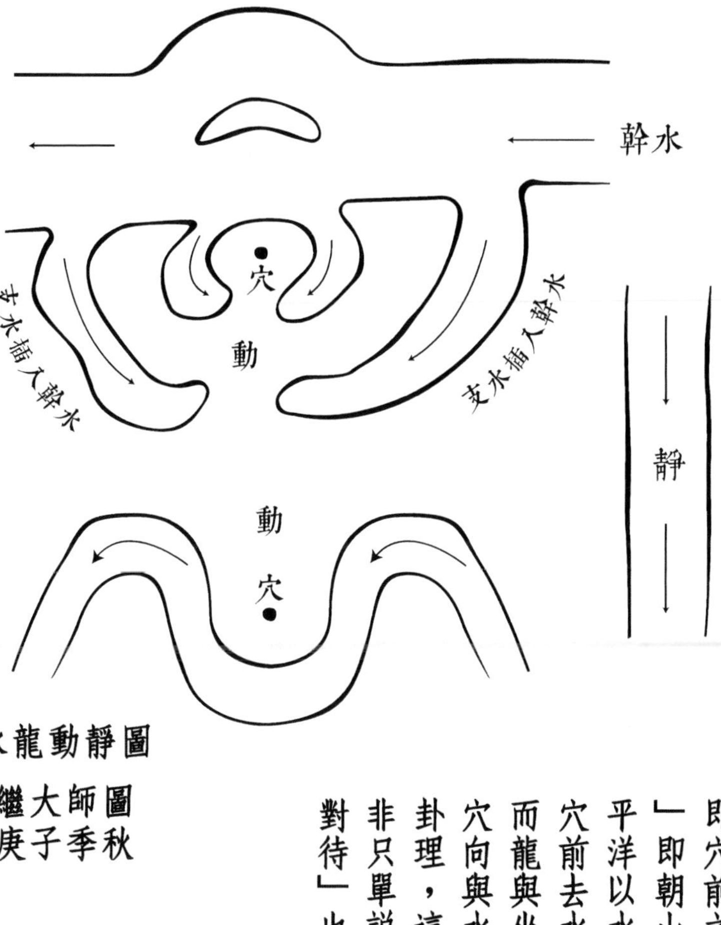

水龍動靜圖

繼大師圖
庚子季秋

繼大師註：「岸山」即穴前之案山，「朝岸」即朝山。其對待即指平洋以水為來龍，又以穴前去水口為出煞方，而龍與坐山合得卦理，穴向與水口方亦要合得卦理，這就是真對待，非只單說「龍與水為之對待」也。

三十四問 — 平陽地之內外水口，應當如何看法？ 繼大師意譯

答曰：於面前貼身處有三叉水交合，即以三叉水交合處為內水口。在穴上看其來水初見之處，與去水不見之處，是為外水口。《天元五歌》所謂：「去來二口死生門。」是也。

至於水從穴前流過，有停蓄，有轉折，或有崩缺之處，皆謂之動，俱主掌人生之禍福，以穴上不見者不論。

繼大師註：此三十四問之說法，不單只說水龍及平陽龍，連山崗龍也適合用，若山崗龍穴前沒有真水流經過，這樣，就要看穴前左右龍虎雙砂所交合處，即是內水口。穴位前方可見範圍內的遠方外明堂最低點處，平陽地看其最初來水之處，即是外水口。高一吋山，低一寸水；穴前左右兩山脈雙交處，即是兩水雙交之地，山隨水走，水隨山而護纏，以穴上所見為準。

三十五問 — 水流既橫過穴前，又有來去水口，怎能盡合於元運？

繼大師意譯

答曰：若有盡合元運之地，則房房皆利，若一邊水流合運，一邊水流失運不合，則後代房份中，有利有不利，然氣運中有往有來，故此，有彼此互為興旺及衰敗之不同。

繼大師註：此第三十五問之回答，雖寥寥數語，但卻載有極秘密的口訣，這當中隱藏着：

（一）三元不敗之格局
（二）三元雙山雙向之秘密口訣（非二十四之雙山五行）
（三）房位興衰之秘密水法

風水明眼人，一看便知。

三十六問—房位公位之說，各有不同，張九儀云：「孟（大房）在左，仲（中房）在向，季（三房）在右，四房在孟仲之間，五房在坐山，六房在仲季之間。」若七子八子，則在何處安頓。

《透地靈》又云：「左砂屬長房，右砂自右肩為二房，往下數去至砂尖為止，不拘多少，皆在右砂。」三合家以長生方為長房，一一順序輪流排列，或以大房左，三房右，諸家之說法不一，究竟應該如何判斷為之正確呢？

繼大師意譯

答曰：筆者（馬泰青）最初亦用此法考驗多次，均不合法，惟有「孟（大房）在左，仲（二房）在向，季（三房）在右之說法尚且正確，若四子、五子與十子者，均是無一定準確，不得已，隨地考核，日久乃至透徹。

原來是從左往右排去，不拘多少房分，各占一席之位。

後代僅有一房者，穴之四面山巒皆影響之。

墳穴之後代若有兩房者，一房居左方，一房居右方。

有三房者，則如張九儀之說：「孟左。仲向。季右。」

若後代有七房者，左方主長房之尅應，往右方排為二房、三房，其第四房正在向上，後再復往右方排為第五房、六房。

其第七房居右之末方。如有九房，則長房居首，九房居末，其第五房正在向上。若有十房，則五房在向之左，六房在向之右，屢試不爽。

又有從覆驗古墳中考據後所得出之經驗，如果其人在他祖先父母未造葬時，或長房已死，則葬墳之後，次子居長房之位同斷，如在長房所屬位置上有吉凶，則次子代長房當之。

如有多子，但已死數人，即以葬墳之日，照現存幾子，誰為長房，誰為二房、三房，按公位位置排列推算。

此皆古書所沒有論述，今特指出，亦當以真理氣同斷始靈驗。若以三合輔星等法胡亂瞎猜，仍是百無一驗。

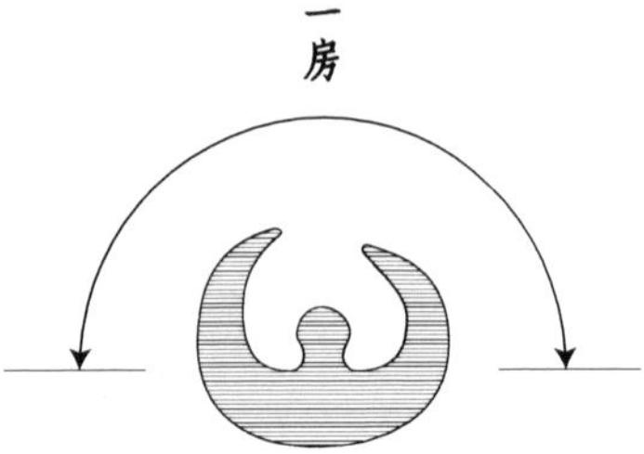

後代只有一房

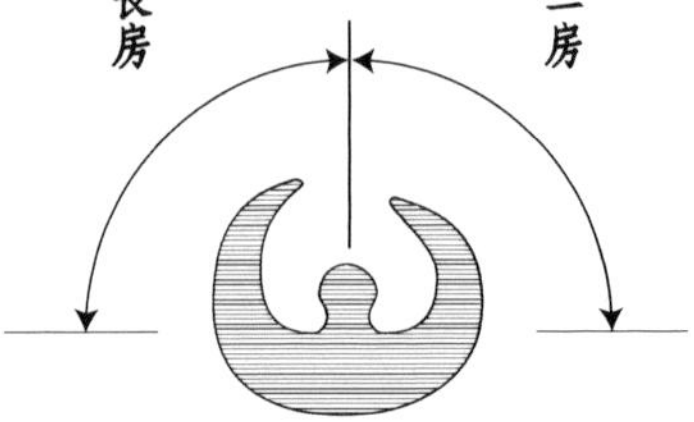

後代只有兩房

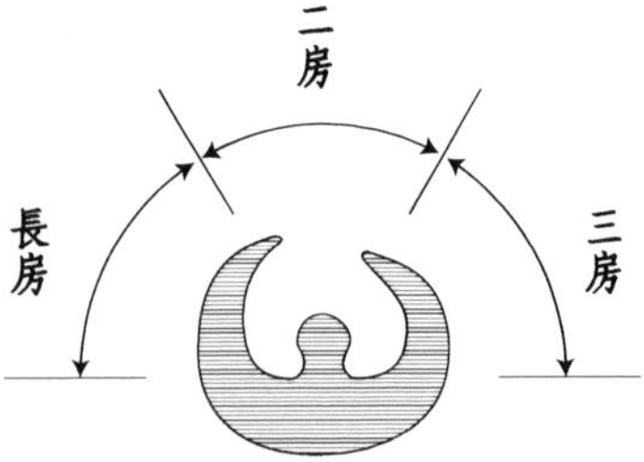

後代共有三房

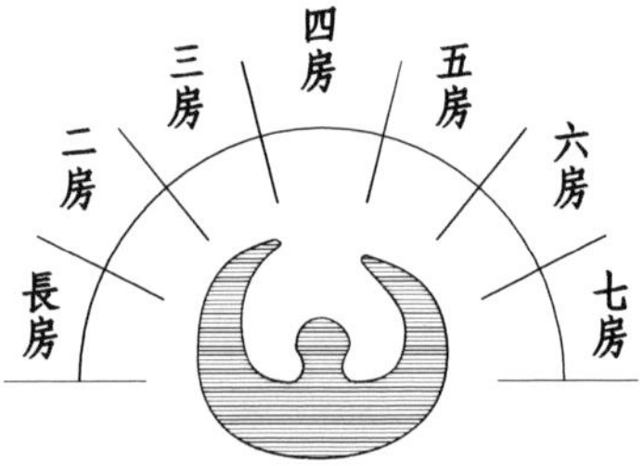

後代共有七房

後代共有九房

後代共有十房

馬泰青地師所論房份之尅應原理
繼大師圖 己卯年仲冬

三十七問－士大夫之家，以讀書求名為重，將葬父母親之大事，交託於江湖術士之手，今聆聽馬君所說，純以周易為主，這樣說來，地理非是一般等閒之學問！

繼大師意譯

答曰：周易包羅萬象，大者不外乎天地人三才而已，精通天文者，可知四時之興衰，及雨水、旱天、災厄、吉祥等事。亦可養生，明白風水地理者，可知九運之興衰往來，趨吉避凶以立身處世，要做一個能守於正道而不自亂的君子，不要做一個容易招惹災禍的小人，能以天地鼎足而立。

孟子曰：「惟送死。可以當大事。」誰說地理是一種等閒之學問！那些江湖術士，既無真實學問，不得不阿諛奉承及取悅於人，以求達到目的，便四處推銷自己。難怪富豪們差遣他們如同僕人一樣，風水地理之道便顯得卑賤，故人們視風水地理為低下及等閒之學問。

三十八問－天文、地理、人事，即此地理以配合三才嗎？繼大師意譯

答曰：何嘗不是，大龍大幹到頭入首之處，形勢止而生氣蓄聚，鐘靈毓秀，以此誕生帝王聖賢。大江大河迂迴相合之處，建都設邑，控制八方，給國君及卿相而居，得其氣運，則國泰民安，失其氣運，則時世衰亂。盡管世人知道萬事皆由天定，殊不知風水地理亦有所主宰啊！

遷豳卜洛（註一），晉絳楚郢（註二），遷徙國都及國之興亡都因為這個原因。若山川之地，形勢險阻，在戰爭時作防守之地，土壤貧瘠及肥沃，農民在種植時以此為耕地，此乃孟子所謂「地利」並非「地理」也。

繼大師註一：「豳」音賓，周代諸侯國，今在陝西省邠縣一帶，「洛」音駱，水名，洛水出左馮翊（翊音亦）、歸德、北夷界中，東南入渭水。「遷豳卜洛」四字形容擇地遷徙國都之意。

繼大師註二：「絳」音降，可作「降」字解；「郢」音刑，春秋楚國之首都「郢都」，故址在今湖北江陵西北，比喻國家之興盛及滅亡也。

三十九問－地理關係到禍福，世人因追求福份而謀求吉地，以致有研究道學之人，極力矯正其弊端，遇地即葬，世間上的人可以效法他嗎？

繼大師意譯

答曰：墳墓猶如樹根也，人猶如枝葉也；有地脈處，則根肥而葉茂，沒有地脈之處，則樹瘦枝枯。若以安祖宗之骨骸為念，則可以，若以邀自己本身之福為心，則不可以；因為個人命運之好壞，就是下葬陰宅墳地之後，祖墳對後人之剋應結果。

若認為世上沒有明師，意圖擾亂人家的看法，倒不如自擇避風避水乾暖之地；若想故意做作，任隨世俗之意，減省吉地埋葬，則不可。例如程子（程灝）、邵子（邵康節）、朱子（朱熹）、蔡子（蔡西山）等不是大賢人嗎？而於葬禮之事，必須小心謹慎處理，亦不過想安先人之心靈，而盡他們後人的心意吧！

繼大師註：筆者馬泰青先生用樹根作墳墓的比喻，其說法出自於《地理辨正疏》〈卷五〉〈平砂玉尺辨偽〉之〈辨分房公位〉（武陵版第三一〇頁）蔣氏云：

「豈知葬地如樹木。根荄得氣。（荄音該，草根。）則眾枝皆榮。根荄先撥。（撥即拔掉之意。）則眾枝皆萎。亦有一枝榮。一枝萎者。外物傷殘之耳。葬親者。但論其地之吉凶。斷不可執房分之私見。」

證明筆者馬泰青先生熟讀《地理辨正疏》，隨手可以引伸書內的風水學理。

四十問－南方有高山，廣大之高地，平崗，北方有平原，平陽，水鄉有平洋；而高山、廣大高地、平原，地勢居高臨下，則多乾流，平崗平坦且緩，則多有水繞，平陽寬闊，則以溝水、以路為用，平洋低，則就水立局，其理氣有相同或分別否？

繼大師意譯

答曰：高山、廣大之高地、平崗、平原，不過有高峻及平坦之分別，而開幛、過峽、成局、結穴、朝案、護砂，其看法是一樣的，有水，無水，用法亦是一樣，俗眼不知，每每以為穴高水低便嫌棄，此乃錯誤之見解。

平洋之地，行龍處雖不見有龍，而有兩水相夾，中間即是龍，結穴處雖不見有砂（即山脈），而水彎即有砂彎，砂繞才有水繞，所謂兩山之間必有水，兩水之間必有山，正此謂也。

若山壠崗原，這個還用說嗎？其平陽地以路為用，路必深至數尺，淺者亦必有尺餘深，依形勢而遷就理氣，用之，一樣發福，倘若路深不過尺，即使用之，亦無效驗。

所以造成這樣的原因，是因為行龍結穴，是陰氣所凝聚的地方，溪、澗、溝、路，是陽氣所行經之處，陰逢陽界，其氣即止，山環水繞，即是陰陽交媾，天地鍾靈毓秀之地，山、壠、崗、原、平陽、平洋，都是一樣，雖然舉出天下之地為例，亦不能跳出此範圍。

四十一問－理氣純粹以九運為主，又以年、月、日、時為用，作為剋應之日期，其八干四維十二支，將會沒有用嗎？

繼大師意譯

答曰：伏羲氏畫卦，只有八卦，其十二支，亦上應天之舍次（臨時住宿）

（註一），古人製造羅經，分析八方為三八廿四字，「子、午、卯、酉」所占之位，即是「坎、離、震、兑」之宮位，「子、坎」同屬水，「卯、震」同屬木，「午、離」同屬火，「酉、兑」同屬金，故此用「子、午、卯、酉」，不必更說「坎、離、震、兑」也。

「乾、坤、艮、巽」，正當十二支之隙，又是本卦正位，不必假於其他名字。其「子、午、卯、酉」之左右隙處，以「壬、癸」屬水，故附於「坎宮」宮位。「甲、乙」屬木，故附於「震宮」宮位。「丙、丁」屬火，故附於「離宮」宮位。「庚、辛」屬金，故附於「兑宮」宮位。

這些排列，原屬一體同氣之義，甚屬顯然，後人從中而穿鑿附會，「甲」不為木，而納於「乾金」，「乙」不為木，而納於「坤土」。

如此等類，使五行各失其屬性，甚至「甲」或附於「寅」，而為「寅、午、戌」火局，或附於「卯」，而為「亥、卯、未」木局，以致有「乙、丙」交而趨於「戌」，「辛、壬」會而聚於「辰」，土牛（丑）納「庚、丁」之氣，金羊（未）收「癸、甲」之靈，生旺墓庫，左旋右旋，令學者至死不悟。

其實所關係者，全在乎元運與太歲所躔之宮位為主事，如一白坎當令，即地支之「子」位，逢太歲在「申、子、辰、午」四年均尅應之，「子」年為填實（註二），「午」年為沖動，「申、辰」年為催合，吉則應吉，凶則應凶，如犯一支（註三），則四年應之；犯二支，八年應之；犯三支，則十二年中無休歇已；是行足十二年衰運，循環而無休止。

唯獨「乾、坤、艮、巽」四宮宮位內，皆得地支兩位，沖合填實當有八年（註四），遇吉砂吉水，流年太歲值年，世人見其發福迅速而且悠久，不知它是何原因，便呼之為：「乾、坤、艮、巽號御街。四大尊神在內排。」

他們不問氣運之得失，胡亂使用，一遇凶禍，又呼叫「乾、坤、艮、巽」為殺人黃泉也。

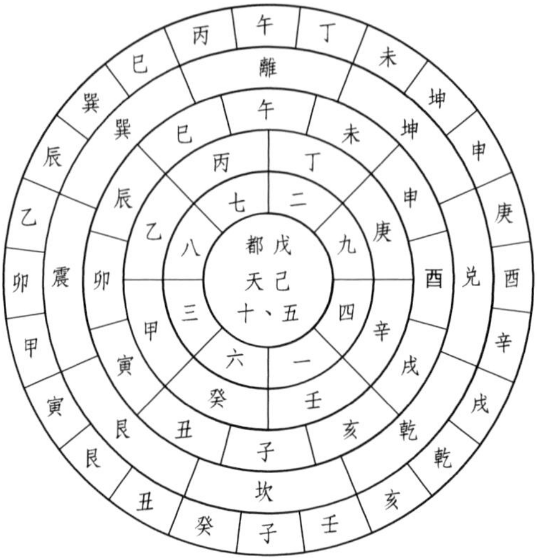

廿四山圖

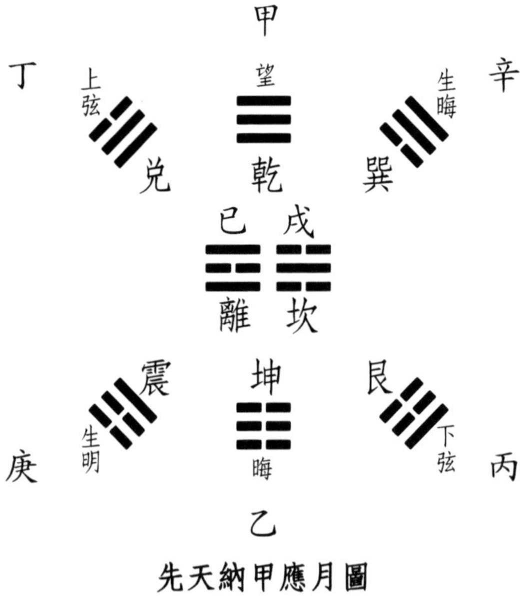

先天納甲應月圖

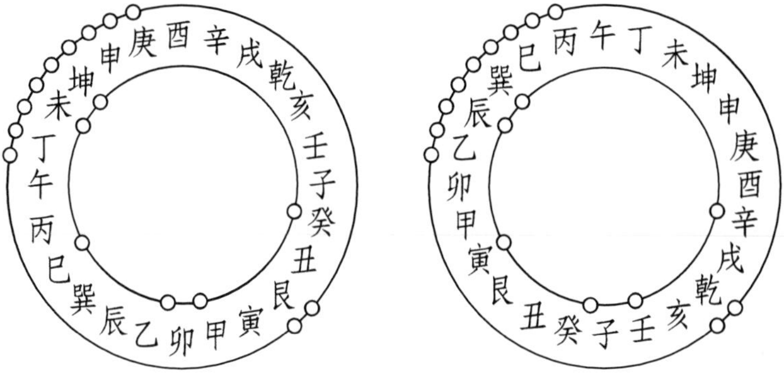

戌斗牛納丁庚之氣
乙丙交而趨

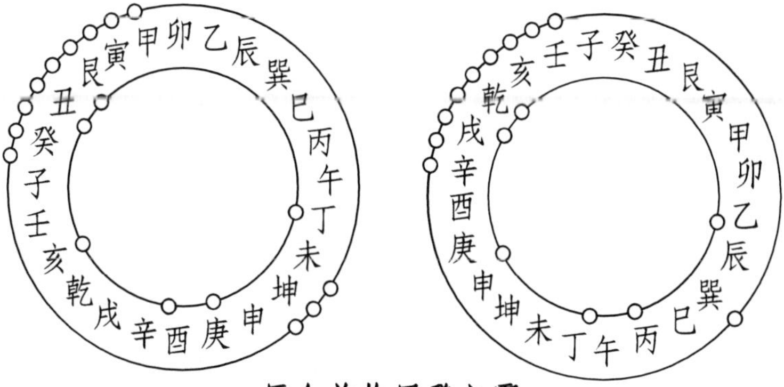

辰金羊收甲癸之靈
辛壬會而聚

雙山三合四生四墓之訣

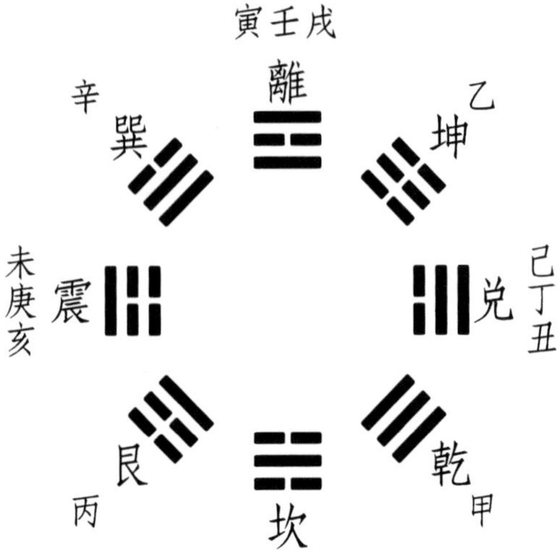

後天納甲三合圖

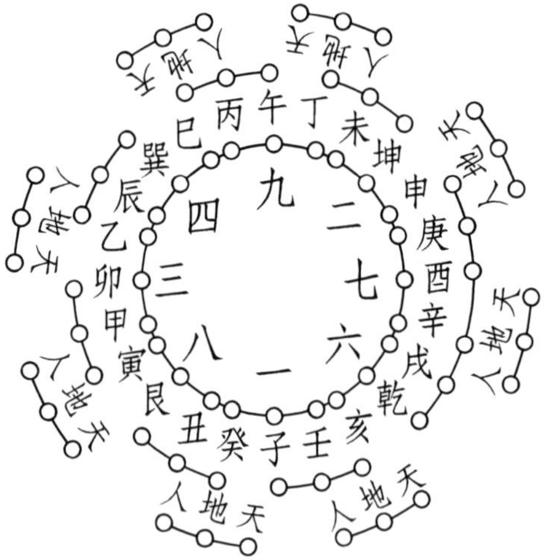

八宮三卦圖

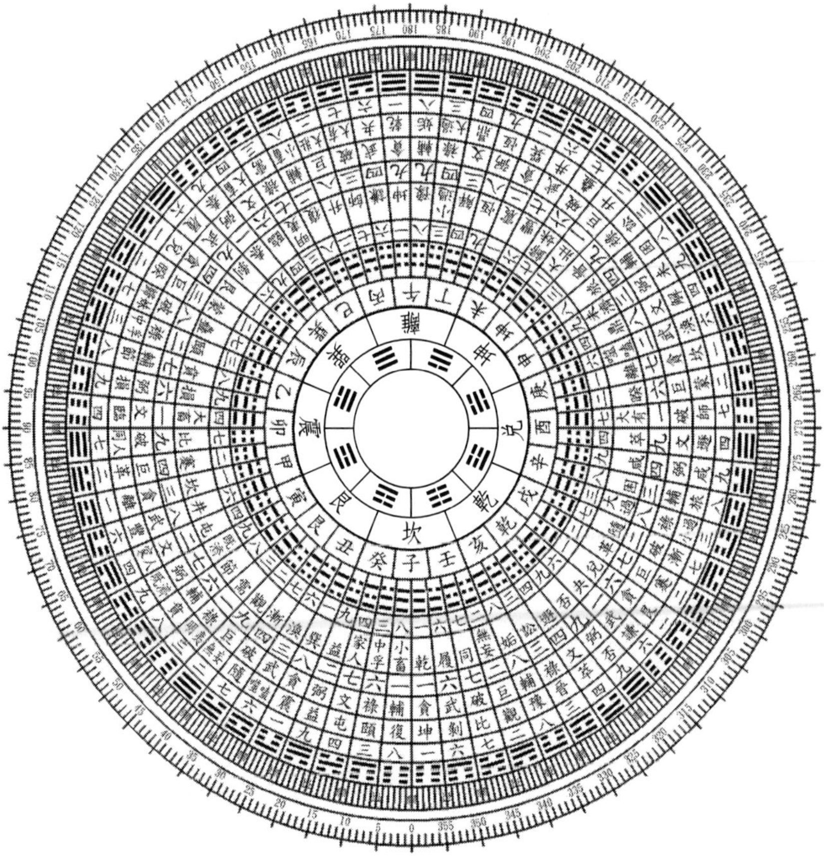

三元六十四卦內外天地盤之羅經

繼大師圖
庚子季秋

繼大師註一：「舍次」途中之宿營，後也指一般的臨時住宿，此處指天上星宿之位置。

繼大師註二：「填實」即是任何一組之地支三合五行，它必是三個地支為組合，中間一個是其真正之代表五行，正如「子」是水，「辰、申」相伴而合之，「午」是火，「寅、戌」伴而合之，「卯」是木，「亥、未」伴而合之，「酉」是金，「巳、丑」伴而合之。

其說「壬、子、癸」屬北方水旺，「子」支是水之主要原素，若流年至「申、辰」之年，是與「子」水成三合水局，流年行至「午」年，正沖「子」位，所以，若墳穴坐「子」向「午」，流年行至「申、辰、午」年，必有尅應也；若流年行至「子年」，即是「申、辰、子」三合水局之本位，與「申、辰」合水，故說為「填實」也。

繼大師註三：「如犯一支」者，即墳穴之一方有凶砂或惡水，或衰向等，例如墳穴坐「午」向「子」，剛巧「子向」是失元運卦向度，則是謂犯「子」字一支，即是「如犯一支」之真實意義。

犯「子」方之衰向，則逢流年「子年」最應，「子」命人又受尅應，其次是「申、辰」之流年，尅應次之，遇流年「午年」，是正沖失運卦之「子」位向上，故又名「沖動」，尅應次之，故此說：「如犯一支，則四年應之。

如此類推，若再犯在「丑」位有惡山尖尅，則在「丑、酉、巳、未」四年之流年中，亦會有所尅應，故云：「犯二支。八年應之。」

若再犯「寅」方有惡水，則「寅、午、戌、申」之流年當有尅應，故說：「犯三支，則十二年中無休歇已。」

繼大師註四：乾宮有「戌、乾、亥」，「戌、亥」為乾宮內兩地支，若「乾」方有凶砂，其位置兼「戌、亥」方，凶砂範圍大而尅墳穴，則「亥、卯、未、巳」及「戌、午、寅、辰」等八年流年相繼便有尅應，故云：「沖合填實當有八年」。

四十二問－大運六十年，小運二十年，何以一白運有一百六十年，二黑運有一百四十年，三碧運有一百二十年之說？

繼大師意譯

答曰：一白運與九紫運是相對的，九紫當運則一白之地始敗。如上元「甲子」、「甲戌」二十年內，正值一白當運，造葬得運至大發之後，至二黑、三碧運內，則一白之運尚有餘氣，故仍發，至四、五、六、七、八各運內，運雖過，但亦無凶，故云有一百六十年運。

若「甲申」、「甲午」二十年，由二黑主運，固然是發，在一白運內，同屬是上元，已可使用，二與八對待相交，八白管運時，在一白主運時造葬之二運卦穴地即敗，但因在一白管運時已造葬二運卦，因此由一運至七運期間仍然不敗，故云一百四十年。

若「甲辰」「甲寅」二十年，由三碧主運，當交上一白運時已可使用，至三運本運大發，三與七運相對，一交上七赤管運，三碧運卦始敗，故在一白運時造葬三碧卦運向度，由一白運至六白運不敗，故云一百二十年。

中、下二元之地皆仿此，總之上元（一、二、三運）六十年，三運之地皆可使用，必至本運而後發已，中、下兩元之地，其用法與此相同。

繼大師註：例如在一八六四年一白運甲子年造上元一白運之地，當元大發，至一八八四年甲申年二黑運，及至一九〇四甲辰年三碧運，仍上元管運，還有餘氣，故仍旺。

經過至一九二四年甲子年四運、一九四四年甲申年五運、一九六四年甲辰年六運、一九八四年甲子年七運、二〇〇四年甲申年八運，仍未至煞運，故不敗，直至踏入二〇二四年立春後，下元九運開始，則一白運之地始敗，一八六四年至二〇二四年共一六〇年。若是小修而不移動舊碑則可。其餘各運，如此類推。

上元（90年）					下元（90年）			
上元（60年）			中元（60年）			下元（60年）		
一白運（20年）	二黑運（20年）	三碧運（20年）	四綠運（20年）	五黃運（20年）	六白運（20年）	七赤運（20年）	八白運（20年）	九紫運（20年）

160年運

例如：
1864年一白運
造一白運之地

2024年立春日
一白運行至
九紫運是煞運

140年運

例如：
1864年造二黑運之地，
在一白運內可以造

2004年立春日
二黑運行至
八白運是煞運

120年運

例如：
1864年造三碧運之地，
在一白運內可以造

1984年立春日
三碧運行至
七赤運是煞運

	上 元（90年）					下 元（90年）				
元運	一	二	三	四	五		六	七	八	九
	☷	☴	☲	☱	☱	☶	☶	☵	☳	☰
年運	20年	20年	20年	20年	10年	10年	20年	20年	20年	20年

二元九運年運表 繼大師作表一

	上元（60年）			中元（60年）				下元（60年）		
元運	一	二	三	四	五		六	七	八	九
	☷	☴	☲	☱	☱	☶	☶	☵	☳	☰
年運	20年	20年	20年	20年	10年	10年	20年	20年	20年	20年

三元九運年運表 繼大師作表二

四十三問－巽、乾於中元運內，何以各有五十年運呢？　繼大師意譯

答曰：各卦本運只有二十年，惟有中五運二十年，其前十年「甲申」年至「癸巳」年屬於巽四運，在三碧管運時，四綠卦運之地已可用，三運二十年，四運二十年，五運前十年，故云有五十年運。

五運後十年「甲午」至「癸卯」年屬於六白乾管運，在七赤管運時，六白卦運之地尚有餘氣，五運後十年，六運二十年，七運二十年，故有五十年運也。

然而一白與九紫兩運之內，四綠與六白之地，亦各有二十年旺運，用得合時者大發，錯用者則大敗。此一說，惟李師（李振宇）知之，筆者（馬泰青）考証覆驗之，你相信嗎？

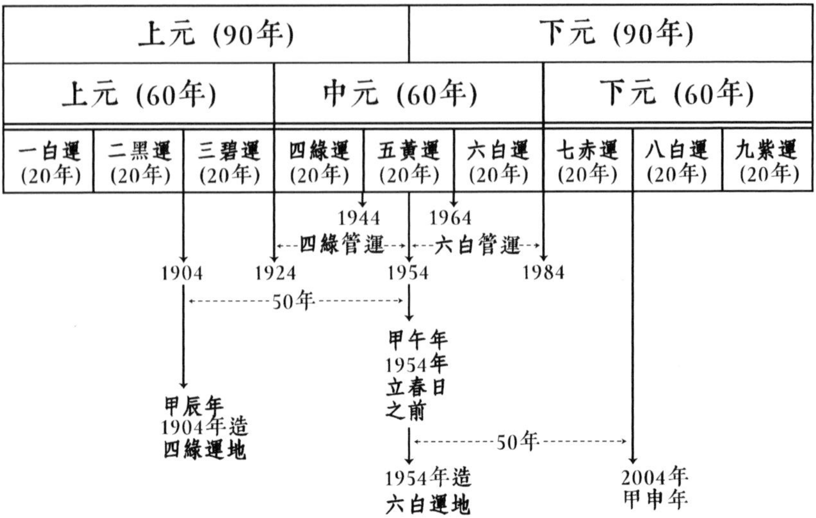

繼大師註：例如在一九〇四年甲辰年，三碧運剛開始，坐造四綠運之地，行至一九二四年甲子年四綠運。當運而大發，至一九四四年甲申年，五黃運開始，至一九五四年甲午年，為五黃運前十年，歸四綠運管，故仍發，由一九〇四年至一九五四年為五〇年旺運。

至一九五四年立春日之後，六白運開始，四綠運之地行煞運便敗。其實，運之長短，除了以上所說的原理外，繼大師認為最重要的就是要看你何時造地，及造何元運之向、水及龍，必須在造地之時間與元運上，兩者配合，才能得出運的長短。

四十四問——「五行一訣非真訣。城門一訣最為良。」是指什麼？

繼大師意譯

答曰：此即穴後入首束氣之處，與穴前放水出口之處。乃形勢兼理氣而言，其對待之元運，皆在於此處，吉凶禍福之權柄，全在此地方。

繼大師註：入首束氣處，即來龍倒頭一節，及墳墓穴前做人工出水口，來龍水口的卦理要配合元運，零正得宜。來龍與水口合十，坐山與向度合十，為合十夫婦卦，即「錯卦」，來龍與向度要當元旺運，坐山與水口要衰，是為「龍、山、向、水」用卦上的配合原理。這只是固定格局，還有活動的配搭。

四十五問——「天機妙訣本不同。八卦只有一卦通。」如何謂之一卦通？

繼大師意譯

答曰：原本說得明明白白，被後人愈解愈錯，竟有說是「以此一卦去通那八卦，以致愈迷愈謬，因為是說理氣，所謂「一卦通」者，乃是指當運之一卦，用之最吉，謂之通。這說明八卦不能全部皆通，即筆者（馬泰青）在前篇所說某卦之當運二十年是也。

繼大師註：筆者馬泰青先生只說出一部份，每運當然有每運之當元旺運卦，而「一卦通」可以指是造葬安碑的時運，去配合取當元立向的卦運。但亦有指卦運中以一個卦運的卦象去通八個同運卦。例如：九運卦為「天地否、澤山咸、火水未濟、雷風恒、風雷益、水火既濟、山澤損、地天泰。」

八個九運卦，上下卦之卦象合十，一爻與四爻交，二爻與五爻交，三爻與六爻交，兩爻交通後作一比較，變為陽爻，不變為陰爻，故卦象為三爻陽爻，為乾卦卦象，理數為「九」。是故三劃乾卦九運卦象，即是八個六劃卦的九運卦。

《地理辨正疏》張心言疏解。（武陵出版社，第二三五頁。）《都天寶照經》云：「天機妙訣本不同。八卦只有一卦通。」

張心言補註：「如九運為泰、損、既、益等卦。在乾為天卦。歌中各取一卦。一絲不亂。」

四十六問──何謂「合得天心造化工」？

繼大師意譯

答曰：世人只在點穴處，以橫、直量度十字線相交之處為天心，又以明堂水聚之處為天心，此乃形勢上之天心，非理氣之天心。理氣之天心，乃某元某運管事，則某元某運即是真正的「天心正運」，識得天心正運，可用此觀察人間之禍福，用此趨吉避凶，奪天命，改造化，全係在此。

即以此運入中，按陰陽順逆飛吊，所謂顛顛倒者，所謂星辰流轉要相逢者，又是用中之用，不經過口授，怎能知道及明白呢？

繼大師註：「以此運入中，按陰陽順逆飛吊。」即是在《地理合璧》〈卷五〉蔣公著〈遁五黃到方〉（集文書局印行等六一七頁）中所說的原理。繼大師在學習卦理時，呂師解釋給註譯者繼大師知，穴前見水則順飛，穴前見山則逆飛，以造葬時的元運放入中宮。

如六白運當令，穴前見水，六白入中宮，順飛到各後天卦宮宮位；七赤到乾宮，八白到兑宮，九紫到艮宮，一白到離宮，二黑到坎宮，三碧到坤宮，四綠到震宮，五黃到巽宮。巽宮為東南方，五黃掌權，故東南方見水大旺六運。

如六白運見山，六白入中宮逆飛，五黃到乾宮。五黃掌權，故西北方見山大旺六運。其餘各運如此類推。此即是蔣大鴻先師所著的《天驚三訣》內的秘密口訣。

繼大師圖
庚子季秋

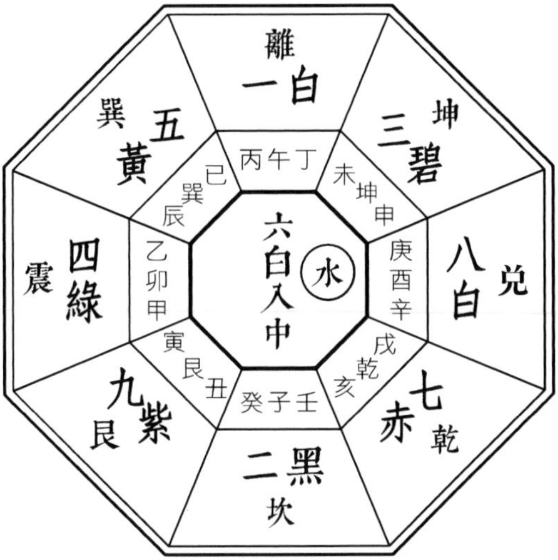

六白運前方見水 順飛

六白運前方見山 逆飛

四十七問－凡結地之處，或數十里而結一穴，或十數里而結一穴，或三五里而結數穴者不等，在觀察下，發覺遍地皆有人葬，不能所有墳皆能葬得吉穴，有蔭得小康者，有能自給自足者，後代亦非全部皆絕，子孫相繼有後，間中亦有子孫繁衍，這是否地及運之力量呢？

繼大師意譯

答曰：其地雖不得真龍結穴，亦必是地勢高燥而平穩，沒有凶砂惡水所沖射，即能自給自足，後代並不貧窮。有些得到低少之運，而砂水環抱顧照，即可成小康之家，而子孫亦可繁衍。但亦要以人事一同參看，倘若其人性格傭俗懦弱，縱然祖墳有吉砂旺水之蔭，亦只是平平而已。倘若其人勤奮能幹，但沒有凶砂惡水侵墳，亦足可以自立。

此以天時、地理、人事三者合參之妙用，在千百次經驗中，不差分毫。

四十八問 — 繼父之墳，能蔭發其過繼之子嗎？

繼大師意譯

答曰：何嘗不可以呢！試觀人家不利女丁者，或產難或淫蕩奔放，不單只其女應之。即其媳婦亦應之，雖庵堂、古刹、寺院僧道之墳，尚且能福蔭其招養之徒弟，豈有話繼父不能福蔭其繼仔繼女之理呢！但是，媳婦之吉凶，是母家與夫家等祖墳一同參看，而繼子之吉凶，亦當以本身之祖墳與過繼者之祖墳同看，俱關係兩家之原故。

繼大師註：在楊筠松地師所撰寫《疑龍經》〈疑龍十問〉之〈第一問〉「抱養及僧道嗣續疑龍如何」之中，有詳細說及有關於過繼子受到繼父祖墳之影響。（見《撼龍經》《疑龍經》四庫全書版本，武陵出版社出版，第一〇七 — 一〇八頁。）

其〈疑龍十問〉之〈第一問〉後段，楊公云：「乃知抱養與親生。同受生靈無以異。古人接花接果義。與此相參非與是。後母卻蔭前母兒。前母亦蔭後母子。只緣受恩與受養。如同所生并同氣。以此言之在繼承。只與香火無衰替。乃知招魂與抱仔。僧道相承皆類此。」

「招魂葬」即是人死不得其屍體，用其生前衣冠代替，招其魂而葬之，是為「衣冠塚」。「抱仔」即是兒子過繼給他人。

讀者可參閱《撼龍經、疑龍經》四庫全書版本，子部七，術數類三，唐、楊筠松撰，武陵出版有限公司，風水五十四，一九九五年四月三版二刷。

四十九問 — 今人皆欲謀求大地，甚至謀得極差之大凶地，倒不如不求大地，轉求得一乾暖之地，無凶砂惡水沖射，用之好否?

繼大師意譯

答曰：這比起胡亂去求大地而得禍者為中平之策，但若貧窮之人得之，仍然是貧，富人得之，仍然是富；地稍有一分好處，則富貴者必加一分富貴，貧窮者必減一分貧窮。倘若地有一分壞處，勿作妄想，但求安親。若勸得癡人醒，亦是無量功德。

五十問—北方省份之人死後，即殯喪，且即葬，南方省份之人死後，將棺木停放待葬，甚至停留至數代，積累十餘棺，以待圖謀風水吉地，而停放棺木處不吉，使愈久愈貧，甚至不能造葬；或夭絕後繼無人，固此毋須論矣，間中或有能力之人，一次而葬數代之墳，其吉凶當如何判斷？

繼大師意譯

答曰：只看其現在之人，其近身父母之墳，與遠祖之墳，若同吉，則作吉斷，若同凶，則作凶斷，若遠祖之墳吉，近祖之墳凶，亦作凶斷。若遠祖之墳凶，近祖之墳吉，仍作吉斷，因為近祖之墳最為重要。

繼大師註：一般都是以父母親的墳墓影響子女最大及最為直接，若遠祖有大地，雖然是吉地，但被父母墳穴所阻隔，以致父母墳穴的吉凶為主導，直接影響其子女命運之吉凶。

若父母墳穴是吉地，則祖上的旺氣可以連接下來，且愈是吉旺，若父母墳穴是平安地，沒有凶煞，則仍然可以承接祖上吉地的旺氣。相反，父母墳穴是凶葬，則凶禍立見。

五十一問──愈是富貴之人，愈是喜歡將棺木停放代葬，他們的意思是福力由遠墳而得，如暫時停放棺木在野外，或在家中，你認為是否有妨礙呢？

繼大師意譯

答曰：無論祖墳之遠近，只看頭一個棺木，不拘墳或棺木停放在何處，這是最緊要的。如父母健在，即看祖父母之停葬處，祖父母尚健在，則看曾祖父母之停葬處，依元運推斷之。

雖然棺木停放在家中，亦與墳及棺木停放之處同論，觀察其禍福，如在手掌上觀掌紋，世人以為近祖棺木未葬，當出現有吉凶尅應之時，就盡歸咎於遠祖之墳，豈不是大錯特錯嗎！

五十二問－嘗見淮水以北，有築牆以葬墳之人，其方法如何？

繼大師意譯

答曰：筆者（馬泰青）亦曾見過，可惜他們所使用的，俱是三合輔星之法，若依照三元元空理氣來使用，其力量亦不減於真龍結穴之地，這是平陽龍法的權宜之計，如水鄉之平洋地亦可使用。

因為平陽地及平洋地，無砂脈（即山脈）圍繞纏護，四週環望，無砂脈兜收，擇得寬敞乾燥之高地，立穴於中間，墳之左右兩肩約四、五丈之處，可築一圍牆齊肩，四面圍之，能隔去凶砂惡水，令在墳上不能看見。擇圍牆一處開門，合於元運當令當旺之方，依照水口城門之方法而造作，亦能發福而不衰敗。

繼大師註：在平洋或平陽地上，四週無山脈、山丘及地物，一片平地，只看水流，作者馬氏的方法是擇一乾爽之地立穴，即是避開界水之水煞，用人工造作，築弧形矮牆與肩膊同高，環抱墳穴，開門於前方氣口，方位及向度配合卦理，穴立吉向，則大吉。這是用人工修造法，配合卦氣造葬，高手始可為之。

五十三問 — 墳地既然可以築圍牆，那麼建亭台樓閣屋宇以作護砂，挖池塘溝渠以為界水，亦有效嗎？

繼大師意譯

答曰：嘗見人家陰陽二宅之旁，別一家改造屋宇房子，挖掘穿鑿及疏通溝渠，而此家正當衰敗者忽然而興盛，興盛者忽然而衰敗，難道不是這個原因嗎！它既關係乎禍福，依元運而造作，正所以奪天命，改造化也。

若然築牆或挖池塘溝渠，而且並沒有妨碍四邊四面鄰近之墳宅或陽宅則可，倘若對於四鄰之墳宅有妨礙，恐怕有傷天理，切不可為之。

繼大師註：平房屋多依街道方向而立向建造，在道路兩旁相對，其向度多是一衰一旺，在街道上挖鑿溝渠，如房子在犯三煞五黃方動土或犯山水雜亂的煞氣，則必有凶煞。若溝渠直插屋子則必招凶。若沒有沖射又能在吉方動土，則大吉也。亦要依卦理元運而造作，則無往而不利。

註譯者繼大師於二〇一三癸巳年到風水發祥地之江西興國縣三僚村考察，得知在明朝永樂十一年（公元一四一三 癸巳年），剛好六百年前，三僚村曾文辿後人曾從政國師，完成了皇太后徐氏陵墓風水的建造後，立即被奉命修建萬里長城達六年的時間，隨即再建造北京天壇祈年殿（一四二〇——一四二四），約一四二四年間病逝於北京。

他曾發起在三僚村曾氏族人聚居區域的東面堆土，築建人工砂脈，為曾族的下關砂，但被東面的村民阻撓，永樂皇帝派遣兩名太監護送他的靈柩回三僚村安葬，曾氏族人趁此機會，堆土築下關砂。其中有一太監名黃榜，無故身亡，族人隨即把他葬在人工下關砂脈的盡頭處，有了太監之墓穴在此坐鎮，東面的村民便不敢拆掉它。

註譯者繼大師在考察時，還見到墳穴築在砂脈的盡頭處，墳前有一個細小的三角形水池作墳穴的內明堂，碑文還刻上他的名字「明欽差力士官黃公諱榜之墓」，並在清、道光三年（公元年一八二三年癸未年）孟冬重修，曾姙合發立石安碑。（姙音頭，好貌之意。）

結果曾族大興，東面的村民便立刻衰敗，對於此種「利己不利人」的行為，作為一位風水師，切勿作此行為。正如馬氏所説：「倘若對於四鄰之墳宅或陽宅有妨碍，恐怕有傷天理，切不可為之。」

五十四問 — 根據《宅法舉隅》所云：「天心一卦。四十八局。門宅層間。內外六事。」其條理分析極為詳細而明顯，我們僅知陽宅風水少許，然則陰陽二宅，其用法有何不同？

繼大師意譯

答曰：陽宅重局不重龍，重門不重山，其起卦挨星之法，最重要是向度，施行土木工程把門或路改動，再轉換門路後，氣因門路而入，吉凶隨即不同。若陰宅山法，首先在尋得真龍，點得真穴後，然後立向消掉煞水，純粹是天然所成，若有一些差池，即斷送人們全家之性命。

那朱旭輪，乃無錫人，與章仲山是同鄉，又先後俱是道光年間人，且這些真訣，若非得師父的真傳是不會懂得的，然而蔣公（蔣大鴻）尚且稱其師父為「無極子」，他們二人著書，不說明其師父是誰人，已屬於忘本之人。

有廣陵人氏（今江蘇揚州市之東北方）曾向筆者（馬泰青）說：「章仲山遊維揚（江蘇揚州市的別稱）時，巨族爭相延聘，點地後得到福主的萬餘兩禮金作答謝，但不曾與人葬得好墳。」

此乃熟識理氣而對於形勢之無知也，是故因為對章氏（章仲山）之疑惑而乃至於朱氏（朱旭輪），恐怕其僅知挨星之法，而對於形勢之無知也。

五十五問—《天玉經》云：「乾山乾向水朝乾。乾峰出狀元。坤山坤向水流坤。富貴永無貧。午山午向午朝堂。大將值邊疆。卯山卯向卯源水。富貴石崇比。」諸家解釋不一，雖蔣公亦未切實指明！

繼大師意譯

答曰：此段是說形勢、方位，而暗說理氣，其秘密妙於形勢方位之中也，至於狀元大將，亦不能拘泥，但乾為八卦之首，又其方位為天門，遇到「龍、穴、砂、水」極真極美之地，合得元運，又有文魁二星會合，（流年、流月之一、四紫白吉星相會。）自然出狀元，倘若稍有些微不準確，亦可出科甲，但不能出狀元也。

但「乾山乾向水朝乾。乾峰出狀元。」其解釋是少了一個「或」字，應該是「或乾山，或乾向，或乾水，或乾峰。」必須遇上文魁二星會合之年月始應也。否則，富貴而已，其餘七山皆是如此（此處暗藏秘密口訣），不僅乾山、午山、卯山、坤山四卦山，但見山峰秀麗，水曲之玄者貴，山峰肥厚，水大者富（指逆水之大，且來朝），出人物俊秀渾厚，亦是在這些地方上去分別。

筆者（馬泰青）曾見有直隸蔚州（今河北省宣化府蔚州）李氏葬地，此地當出文狀元，但其家習武，竟中武狀元，可見這是由習氣感染而做成，地亦奈他不何。

曾見人家藏有偽造之三元元空理氣書籍，珍為秘本，其解「乾山乾向水朝乾」云：後天乾方之上為來龍，即為乾山，穴朝先天乾向為乾向，墳身坐後天之坎方，以先天坎方上之水為乾水，或用飛吊挨排，由坐山挨起，由向上挨起，由來水挨起，由水口挨起，看乾所飛泊之方為「乾山乾向水朝乾。」這種種謬語，以亂真傳，真可惜也。

繼大師註：這「其餘七山」的解釋是，除本身乾宮之山外，與「坎、艮、震、巽、離、坤、兌」合共八山，即先天六十四卦中之八大宮位，而八大宮位中，每宮俱有兩卦為主，一是貪狼，一是九運，但因六十四卦之排例是有一定形式的，故此形成每一八大宮只有一個方位是「端的」的，共有八山，指六十四卦中之方位，非指二十四山之方位。

然而，吉穴本天然所生，它各有其龍、穴、砂、水、向之配合，各有其元運之管局，可說是宿命中之定數，其立向與巒頭上之配合，若非精於三元理氣及巒頭形勢者，決不能造葬得法，其中有：

(一) 上元龍運 — 依局立向配合上元龍運及水口城門。

(二) 下元龍運 — 依局立向配合下元龍運及水口城門。

(三) 下元兼上元龍運或上元兼下元龍運 — 依局取向配合雙山雙向龍運。這是三元六十四卦之雙山雙向，非二十四山之雙山五行 ，又非六十四卦之騎縫線度，更非大小空亡線度。

若在上元運內造葬，應在穴中，依面前堂局立穴定向，立取上元當旺而得兼下元元運向度。

若在下元運內造葬，應在穴中，依面前堂局立穴定向，立取下元當旺而得兼上元元運向度。

用卦理繼而配合砂水，用以消砂收水，若能配合巒頭及理氣之水法，兼收各水而不出卦，則上元造上元旺運而下元不敗。下元造下元旺運而上元不敗，此正是三元不敗格局，非明師心傳口授不能明白。

五十六問—南北各省，竟有荒蕪簡陋州縣，從古至今，不能出一位偉人，亦不出一科第，為何其凋凌敝謝到如此地步呢？

繼大師意譯

答曰：大凡名都巨邑所卜之地，皆是市邑區域內的局部地區風水。

第一：要城池得地。（繼大師註：本身都會城邑能夠得到非常吉祥之風水地理，垣局山環水抱，三閉一空為主，以收得逆水為富，收得秀峰為貴。）

第二：要官署合宜。（繼大師註：有良好的管治官員，管治得法。）

第三：要文廟合式。（繼大師註：都會中有得地氣之廟宇，其地理及建築格式要符合吉祥風水。）

第四：要書院培養英才。（繼大師註：相等於現代之大學或高科技之教育學院，最好也要建在得地氣之陽宅吉穴上，又能培養出專材去服務社會。）

第五：要土著人士立志向學，再有學識精純的儒者指教。（繼大師註：名都巨邑中的人民有立志向學之心，又能得學問高超之學者教授。）

人們自然文思進步，教育水準提高。不然，既不向學，又沒有高明學者指教，則科第功名，怎能從天而降呢！如筆者（馬泰青）所謂龍、穴、砂、水及文魁會合之處，怎會能夠在百里內之城邑，竟然連這些讀書人都沒有，有這樣的道理，就有這樣的事發生。

例如近世河間人，多出太監。石埭人多出製衣工人。撫州多出讀書人。溧水人多出藥物之商人。曹州人多出響馬（土匪）。

南陽穎州壽春地方，多出持刀之土匪（盜賊）之類，由於鄰居受其影響，所以日久所見所聞，他們的行為亦如是也。豈有話天成山水而專出太監、製衣工人、讀書人、藥商、響馬、土匪之地呢！

如衣服袖子短了，齊國變成楚國之習俗，時移世易，其教化原在人之本身也。

繼大師註：「河間」今在河北省河間縣，因位於黃河與永定河之間而命名。「石埭」（埭，音代）今安徽省太平縣內，因縣西有三巨石，稱「頭埭、中埭、三埭」，所以名「石埭」。「撫州」今江西撫州市。「溧水」溧音栗，今江蘇省溧水縣。「曹州」今山東菏澤縣曹州。「響馬」即華北騎馬攔路的馬賊之一種。劫掠時先施放響箭，故稱為「響馬」。「南陽」今河南省南陽府。「南陽穎州壽春」唐朝武德四年（公元六二一年）設立信州，六年後改名為潁州，所管轄的境地，相當於今安徽省阜陽、潁上、阜南、太和、界首、臨泉等市縣地。

五十七問——世有龍、穴、砂、水均沒有瑕疵之地，不獨不發，甚至敗絕！

繼大師意譯

答曰：此即是不明白三元理氣之法，僅根據形勢之美好，不等待合元運之時而立即遷葬，吉氣未到，凶煞先來，故此敗絕相繼而來，更何況發福呢！他們捨棄理氣而專崇尚形勢，難道不懼怕嗎！

繼大師註：縱然有吉地可葬，但若不明白三元元空時運之理，把吉地誤立煞向，則凶煞災禍立刻降臨。以註譯者繼大師的經驗，若有吉地可以造葬，但元運不合，不能收得特朝之秀峰，可以立當元元運，待剛過了元運後，再立回適當的向度，收山出煞，亦復如是；這就是楊筠松祖師所說的「貪峰失向」原理。

五十八問——墳地以元運判斷興廢，既然言之鑿鑿而有憑有據，在未葬之時，尚可趨避，假設若已葬得得運之地，忽交上失運之時，是否應將其墳盡快搬遷呢？何以未見古人說有這回事呢！不特不見有這回事，而且見有自上元發至下元而不敗之地，是何原因呢？

繼大師意譯

答曰：這有道理存在的，但世人不知道也，如今日我（馬泰青）明明指出得運失運之效果是這樣的，世上固然沒有改遷之道理，而他們得運，至失運之時而敗，亦不過懵懂受之而已，最初未嘗倖免。亦有三元不敗者，並非上元一墳能管至下元之運，因為在百餘年間，人非一代，必然有新墳，乃上元有上元之老墳，至中元又遇上中元之吉墳，即至下元，又接葬下元之新墳，所以能發福如此悠久。若非積善之家而有大福德之人不能得之。

繼大師註：某些人有很多代的祖墳，有得運及失運之墳，例如祖父母得上元穴地，現時值下元，又有下元父母親新墳。不同元運的祖墳，主宰後代吉凶，但以父母親的墳穴影響最大及最為直接，因為父母親是最近一代之故，祖父母墳穴若行煞運，也有近親墳穴的當元旺運所助，萬事能逢凶而滅到最低，乃至化為吉慶。

相反，祖父母得下元穴地，現時值下元，父母親新墳立上元煞運，立刻影響到子女而得到凶險。若父墳與母墳分開落葬，各得一上一下不同元運的卦向，則吉凶齊應。

五十九問 ─ 世有古代地仙鉗記之說，預定風水大地將如何發達，並未言明當在何運何時會發！

繼大師意譯

答曰：鉗記之說，間中亦有之，他們不過根據龍、穴、砂、水之美好而言。因此未嘗說及元運，但亦未嘗說不須元運，且元運之名，古代地師隱密而不說出。自從蔣大鴻先生出現，他憂慮偽術與真道之混淆，不想偽術遺留下來為害世人，故特將元運列出，原屬一片婆心，俗子既不能窺探其中堂奧，便以為駭見駭聞。

又有一種人，慕其名，但不得其真傳，更自創一派去解説，惑世誤人，以致令誹謗元空者紛紛而起。從此元空理氣一道，又恢復難明真偽之時代，豈因為上天不想令這些人盡聞妙道，故而生出此種種魔障於世間嗎？

繼大師註：鉗記，鉗音黔，古代常有風水明師，看見有風水大地吉穴，而不見有大福份之人出現，故此寫下有關風水吉穴之詩句，指點日後有緣之人，明師往往把指示吉穴之詩句，請石匠把詩句刻在石碑上，然後埋下風水吉穴之處，日後若遇有福緣之人點著，必然發現此鉗記石碑，作為引證吉穴之憑據。

註譯者繼大師恩師 呂克明先生，於一九七三年癸丑年仲秋，為新界文氏廿二、廿三、廿四世祖，在新界洲頭鐵坑淡水井點取「倒地葫蘆穴」；此地未造前，曾留有地讖一首，曰：倒地葫蘆向鐵坑。回頭一眼望青山。誰人尋得到。兒孫不艱難。羅衣去。錦衣還。

（見陳威爾著《破迷堪輿學》丹青出版社，第五十五頁。）

又香港荃灣大帽山下有一大地吉穴，名「半月照潭」，相傳鄧氏四世祖鄧符協地師，在開發半月照潭穴時，竟然發現一石碑，碑上刻有關於此穴之詩句，此石碑鉗記，據説是白玉蟬師所著，此即鉗記之一個例子。

讖曰：長沙左手接青羅。右攬青衣濯碧波。深夜一潭星斗現。裏頭容得萬船過。有人下得朝陽穴。十三年內即登科。若是世人尋不得。回頭轉問釣魚哥。

（見陳威爾著《破迷堪輿學》丹青出版社，第四十五頁。）

六十問 — 鉗記之説，是否可信？

繼大師意譯

答曰：有可信，有不可信，其可信者，古代仙師在遊踪時經過，見有美穴吉地，但未遇有可葬之人，特留下鉗記，以待將來有德者葬之。其不可信者，乃俗師受賄於奸詐之人，假托鉗記以行詐而欺騙愚人。

古代最著名之明師鉗記，莫如晉、郭璞（景純），明、劉伯溫。皆身懷輔助帝皇將相之才能。楊筠松、賴布衣皆是清高隱逸之士，傍通雜術，間中亦作有鉗記，並非好像近世之術士，專門持著羅盤去遊說富豪之家，他們只知哄騙衣食，捏造鉗記，粉飾繪上圖形，若不這樣做，不能誘惑他人而得到錢財也。真正識得點地者，何必鉗記。

《三元地理辨惑上卷完》

《三元地理辨惑》〈下卷〉　　繼大師意譯

同治甲子年（同治三年即公元一八六四甲子年）筆者（馬泰青）作《三元地理辨惑》六十條，有此特殊癖好者，便輾轉抄傳，有兩位客人冒然登門而來，逐戶拍門求教。而問曰：

近期讀筆者馬泰青先生之《三元地理辨惑》一書，都屬前所未見，而既然著書傳世，為何不直接指出真訣，使世人如暗室見燈，窮途得路，豈不是更痛快嗎！何以作出半含半吐之語，並非「辨惑」，而是增加別人之疑惑，何需筆者（馬泰青）你辨惑呢！

答曰：所謂辨者，是為了人們被邪說所迷惑，故特此分辨，並去除他們的疑惑。

客人曰：今日既然熟識了你（馬泰青）著之《三元地理辨惑》，因此登門造訪而請求真訣，可否能得聞呢？

答曰：筆者（馬泰青）昔日足跡行遍半個中國，為了表示自己的誠意，因此盡量付出財物而去求法，日久始能得之。今先生（指客人）欲想在短暫傾談之下，立刻便得到不傳之風水秘法，所謂奪人財物者謂之盜，像現在你想挖出我的心臟肺腑，這怎有可能呢？

客人曰：不是也，以筆者（馬泰青）著之《三元地理辨惑》，必然以真知灼見的理論使人明白，聖賢都會把這個「道」寫在書本上，你是否害怕人們知道及明白嗎？

答曰：聖賢之學問，只是一般平凡之學說，教化不善之人而行於至善之道，純粹是順乎天理而行。三元元空真訣，有調理及改變造化之能力，使善人得後而獲福，這尚且是順從天理而行。若是使惡人得吉穴後而邀福，這簡直是逆天理而行，逆天理之事，我豈敢做呢！

在禮貌上來說，只聽聞想求真訣之人來求學，不聽聞得訣之人往他處去教授真訣，令到求學真訣者，不似筆者（馬泰青）在過往所遭遇到的那樣，昔日筆者（馬泰青）對待師父尊敬至誠，尚且不能立刻得到真訣，怎會不分善惡而將真訣清楚地筆錄於書呢！

將明珠投入濁水之中，把美玉放置於污泥之上，愚蠢之人視如砂礫，智者則珍惜之，將真訣傳授於非人則獲罪於天，先生（客人）謂筆者（馬泰青）將真訣秘而不宣，本人寧可因隱秘真訣而受到譏笑責備，也不敢因此而招致罪衍。

其中一位客人羞愧憤怒而去，另一客人不敢作聲，恭謹畏懼地向前而曰：「確實如你所說，真訣便始終不能傳嗎？」

答曰：「非也，剛才一同說話者，屬於不自量力之人，此人將地理之學，用以滿足其個人之欲望，我便拒絕傳授，假若能夠體會出善善惡惡之心，則人人皆可以預先得聞真訣，因為地理與天理是同一道理。

我（馬泰青）那裏能夠由始至終地隱藏著此真傳的秘密呢！難就難在他

們能否聽得入耳。於是便繼續與此客人之發問作答，再得四十條問答記錄於後章。

六十一問－今有青陽（今安徽省池州府青陽縣）桂丹崖（字超萬）之人，精通三元風水，昔日在未中科第之前，居住在北京寓所時，必改變其門路，其居室住所每月必遷移，後竟在福建做上「觀察」一職，主掌大權於邊疆而終。

繼大師意譯

繼大師註：桂超萬，字丹盟，生於清高宗乾隆四十九年公元一七八四年甲辰年，安徽貴池人，道光十三年（公元一八三三年）進士，署陽湖知縣。累至福建按察使，卒於官。桂超萬著有《敦裕堂古文》四卷，《養浩齋詩稿》九卷，續稿五卷，《宦游紀略》六卷，均《清史列傳》並傳於世，卒於同治二年公元一八六三年癸亥年，年八十歲。

答曰：筆者（馬泰青）最初入北京時，即知其名，可惜未曾見過其人，而推測他所作之行為，必然其祖墳已得吉地，他又以挨星法施用於陽宅，改變其門路以求達到挨星之法，即在前之其中一章所說：「取文昌魁星兩星會合之處。」

他每月遷移居所，是取生旺之氣，以求達到趨吉避凶之目的。又聞他建造祖宗祠堂之後，其姪兒中了武舉人，其兒子被欽點為「庶常」一職（註一），可說是深明卦理體用之作法，方能如是。

（註一）繼大師註一：庶常又名庶吉士，清初設庶常館，隸屬內弘文院，為新進士深造之地方，沿用於明代所設之制度。順治三年（公元一六四六年）定制，每年殿試後，選德才兼優之士入館學習，名庶吉士，因庶吉士又稱庶常吉士，故其學館稱為庶常館。

繼大師總註：今人亦是這樣，極信風水之人，每年均聘請常用風水師作流年擺設，但由於市區高樓大廈，室內單位格局固定，擺設風水物件功效不大，甚至無效；門路改動亦非常有限。一般大門門向當旺，大廈地點沒有犯上界水，就是吉祥，待流年吉星飛臨大門宮位，當應吉事，鄉村或城市市郊的平房屋較容易改動門路。

正如馬氏所說，本身屋主的祖先山墳，必得地氣及向度當旺，否則在流年不能發揮吉祥效果。但祖宗祠堂若在建造上得風水旺局，則能蔭佑族人，使能事事順利。

註譯者繼大師曾勘察廣東省惠陽縣秋長鎮葉氏祠堂「會水樓」，是真龍結穴，除了祠堂風水外，以祖先山墳得地為主，後出葉挺將軍，原名為詢，字希夷，號西平，惠陽縣客家人，是解放軍的創始人及新四軍領導人之一，是軍事家，名震一時，可惜元運交替，未能長久。

六十二問－千里尋龍，到頭一穴，而各書或云：「過峽高則穴結高處。過峽低則穴結低處。」或云：「岸山高則穴高，岸山低則穴低。」或云：「看龍虎二砂以定穴之高低。」或云：「以八卦九星五行以定穴之淺深。」究竟如何是點穴之法？

繼大師意譯

答曰：從過峽上定穴者，乃江湖術士之惡習，他們誇張其辭，在尋龍點穴時，預先決定穴之高低，即至到頭一節，勉強牽就，此等之人，筆者（馬泰青）屢見之，以岸山定穴之高低者，恐怕其高壓，故穴前之岸山高則穴點高處，穴前之岸山低則穴點低處，若穴前岸山遠，雖高又何妨呢！如以穴之左右龍虎山脈定穴來說，倘若本身無龍虎砂脈，又將怎樣辦呢！

至於以八卦九星五行定穴者，更屬錯誤荒謬，因為地脈是生動的，好比如行龍，其特別的地方，是因為其脈起伏擺折，所以說牠是龍。試看來龍祖山粗頑雄厚，跌斷過峽一次，則山勢漸漸秀嫩，跌斷愈多則愈佳，即至結穴，山形形勢變化秀麗而土色完全不同，而靈氣聚矣。

如無跌斷出現，龍身必須要左右擺折，遇到擺折之處，龍脈必分枝開帳，以洩煞氣。大則為「蒹葭枝」，小則為「水木蘆鞭」之類，即至結穴處，砂脈纏繞，水繞氣聚，而生氣凝聚矣，就因為這個原因，穴之窩、鉗、乳、突便形成，高低浮沉之穴法因此而定出。

若有小小窩鉗乳突，是為少陰少陽，即在其上點穴，本來是無需懷疑的，倘若窩鉗寬大，是為老陽，老陽不可用，須於老陽中尋少陰，又當於窩鉗中求乳突，即為少陰；倘若乳特肥大，是為老陰，老陰不可用，須於老陰中尋覓少陽，又當於乳突上求窩鉗，即為少陽。若在大窩鉗中無乳突，大乳突上無窩鉗。這樣又有求穴暈之法。

窩鉗之穴暈，如人心胸凹中跳起之處，略有一點高影，是一陰初動，似有似無，便是穴暈。穴中乳突之暈，如小兒頭頂百會穴上跳動之處，略有一點低壓，是一陽初動，若隱若現，便是穴暈。立穴於此，自然水朝砂應，龍繞虎馴，其巧妙處，暗合天機。俗師動不動便說「尋龍點穴」，豈有說得那麼容易！

繼大師註：過峽是來龍在行進時之兩山間收窄處的凹位，是過龍之處，它的左右方，必須有山脈在左右方守護，始為之真正過峽。岸山即是案山或朝山。

以穴乘得來龍脈氣為重，其的穴位置之高低以脈氣止聚之處為最重要，左右有內砂脈氣守護吉穴，必有微微界水左右拱抱，前有平托為據，此為「氈唇証穴」。正前方有岸山，即朝案橫欄之山，無論穴前朝案之山有多近或多遠，在穴場看去，其高低口訣為：「高要齊眉。低要齊心。」若離開此等高度，多是虛花假穴。

來龍至結穴時，山形形勢由粗頑變化成秀麗，即是行龍龍脈的變化剝換。龍在行進時，龍身必須左右擺動，到擺折之處，龍脈多必分枝開帳，或分劈開成另一支脈，或去另一座大山，以洩龍之煞氣。

「蒹葭枝龍格」，「蒹葭」音兼加，意即初生的蘆葦。龍身在行進間，其形態是一座座橫放之山脈而前行，橫脈與橫脈之間是平地，當行至中間某一節山脈時，其主脈生出之左右肢爪，有時在左方生出，而右方沒有；或在右方生出，而左方沒有等。如是者，左右脈互相交替下而再前進，這樣的行龍，名「蒹葭枝」。

行龍主脈是木形星峰，然後拖出一略彎曲而頂帶波浪形之長脈，為水木格，如鞭狀，此稱之為「水木蘆鞭」。

山崗龍之氣脈，由高之山脈行至低之山脈，真龍主脈者 ，其左右必有山脈纏護而行，左右山脈內側是界水，左右有雙脈來夾，其中間主脈定是真龍脈無疑。由於真龍在行進間必有高低起伏之變化，山與山相連，若山峰高聳，但突然跌下，再生起一不高之山峰，這兩峰中間之凹位，在行龍中稱之為「跌斷」，這表示龍脈有變化。

在「跌斷」出現後，龍再繼續前進，「跌斷」出現愈多，表示龍脈愈有變化，而且變得秀嫩，此稱之為剝換。但在龍脈行將結穴之前，「跌斷」不宜出現得太密，太密則龍氣乏力，力量不厚而太散蕩。其原理是，行龍之長度，即山脈行經之地，是地氣流經之處，而「跌斷」是讓山脈之氣由粗頑變成幼嫩，又能重整山脈之龍氣，這是一收一放之處，龍脈之「跌斷」愈是相隔得遠，則表示龍脈有相當之長度，這樣「跌斷」之出現，要與整條龍之長度、行進間之高低、斜度等成比例。

「跌斷」又稱為龍之過峽，它的作用是把山脈龍氣，全收在一處中，然後集中一處而過，「過峽」，顧名思義，就是龍氣經過最狹窄之處，若行龍即將結穴，出現瘦長而作收窄之脈，稱為「鶴膝」，肥短之收窄處稱為「蜂腰」，是因象而取其名。

山脈之陰陽者，即來脈凸者稱為陰，來脈凹者稱為陽，一大塊闊肥之凸脈者，稱之為「老陰」，一大塊闊肥之凹脈者，稱之為「老陽」，山脈之純陰、純陽，即是山脈全凸或全凹，謂之沒有變化，必須是陽中有陰，即是凹窩脈中有凸脈；陰中有陽，即凸脈之中出現凹窩之地，這樣始有胎息，有脈之胎息，定能結出真穴。

古語云：「陰來陽受，陽來陰結。」皆言龍脈之陰陽凹凸變化，而陰陽凹凸，變化出穴之窩、鉗、乳、突形狀，形態雖異，但其陰陽之理是一樣的，這必須明白龍法、穴法，再配合砂法、水法、向法，則點穴造葬功夫全在自己掌握之中，這必須得明師親傳，加上努力苦研，不難明白也。

六十三問 — 山崗尋龍點穴之法，尚可得見得聞，其平陽、平洋尋龍點穴之法，僅見於水龍經，只有圖形，始終未曾說出點穴理氣之法！

繼大師意譯

答曰：長江以北，東至山東，西至陝西，北至燕京。平陽地的範圍，十居六、七，平原地是十居二、三，高山大隴（隴即高地），僅佔十分之一、二，而葬山者，甚屬寥寥無幾，尋龍點穴，無不在平陽及平原之地上。然而，北方人習俗純厚，人品多樸素，從事風水行業者無幾人，不善於作欺騙人的事，不似（中國）南方人，多有誣詐、欺騙、奸偽、說謊等人，他們爭相手持羅盤，自稱風水高手者多，至於在尋龍點穴方面，亦無真知卓見，大約依四週堂局作定穴者多，其得穴與不得穴，發與不發，亦在乎人們之幸運與不幸運矣！

筆者（馬泰青）曾隨李師（李振宇先生）同遊，其看平陽龍穴之法，於綿綿渺茫一片之處，仔細勘察地氣之隱隱隆隆，如人肉上之筋，皮上之脈，若有若無，高一寸為山，低一寸為水，有帳蓋，有迎送，有過峽，有入首至結穴處，或以水，或以路，或以低淺之地作纏繞交護，龍穴砂水，樣樣俱全，其穴形亦分窩、鉗、乳、突，窩大窩小，求突求暈，其作法與山崗龍法相同，總要乘得元運生旺而用之，則可以等待發達也。

至於平原之地，在平原地下望之，如同高山，及在平原上，則低平如掌，一望無際，與平陽地無二，其結穴處，有在平原邊處，有在平原角處，有在平原盡頭處，有在平原之中間。若在平原邊處者，則下臨崖岸，彷彿在大江大湖之傍，必其左右有溝渠插入交匯。即在其交滙氣聚之處立穴。其在平原角者，彷彿在大水轉彎處，形象圓淨，理氣清純，即在其圓淨清純處立穴。

其在平原盡頭處者，則平原之勢漸低，亦有平原之枝腳作龍虎拱衛，與高山大隴（隴即高地）乾流之結穴形態同屬一類。其在平原中間者，四周望不見邊岸，有溝渠則就溝渠，有水、有路或有低淺之地，則就其路水，其認脈審穴之法，仍然與平陽地相同。這些道理，從來沒有人如此仔細辨解之。

繼大師註：平陽及平洋龍除了點穴有另一格之外，其最重要之處就是要配合卦理。其來水、去水、水流交匯之處，及兩條斷的支流插入主流，中間則有地氣凝聚，這些都是要訣。

大江以北即長江以北，齊即山東，秦即陝西，幽燕之地就是現今之河北北部北京地區，整個河北平原被三面包圍，南面是唯一通道。河北北方是燕山山脈，西面是巍峨的太行山，東面是大海，南面是河南、山東。

平陽龍穴水流不多，在平地上之一大片略高出之地為帳蓋，相連之平坡為行龍，略高出之地為行龍地脈，行進間本身主脈左右開有肢爪，左右脈同時彎抱來脈者曰「迎」，左右脈同時彎抱去脈者曰「送」，是龍之手腳。「過峽」即是平地行龍氣脈收窄之處。

若是即將結穴，其結穴前之入首到頭一節龍脈亦會收窄，窄長者名為「鶴膝」，肥闊者名為「蜂腰」，結穴處有低淺之地作平托，左右有微微高出之脈作纏繞交護，前方遠望是一大片平地，平地略為高出，即是逆水局，主富。

六十四問 ─ 江蘇、浙江盡屬平洋地形，六朝以後，代出名流，而看平洋地之法，可否得聞？

繼大師意譯

答曰：平洋地遍地水田，皆是人為開發所成，當其未開田以前，亦與平陽地屬同一類，今雖已改地為田，其中有龍有砂處，其田必高，其界水處，田必低，過峽處，田必低窄，開帳處，田必橫寬，其結穴處，高田為砂，抱護於穴之外，低田為水，環繞於近穴之左右方，結穴之田，高不過砂，低不侵水，觀察及審度其形勢，或深葬，或淺埋，或培土結盤（即用人工堆土造葬），以迎生旺之氣運。其作法使用之妙，全在乎風水師本人，亦必須積有善德之家，乃肯為他效力。

繼大師註：「六朝」即魏晉南北朝，四世紀到六世紀在中國北方五個朝代的總稱，包括北魏、東魏、西魏、北齊和北周五朝。晉朝二六六年 ─ 四二〇年，南北朝政權對峙為四二〇年 ─ 五八九年，南朝建立於建康，今南京。公元五八一年，楊堅伐北周，改國號隋，北周國運共二十四年而亡，公元五八九年隋滅陳，統一全國。

平洋穴法，地勢高低起伏不大，要觀察細微，始能看得清楚，平洋地被開發成水田，與平陽地同類；平地中略高出之脈，左右有砂脈守護，此為真氣脈。最重要的就是主脈穴位高不過左右之高田，低不侵水，沒有犯上界水，有略高出的田作案山，橫闌於穴前，此為之真穴。「培土」即加泥土作修葺之用，使合於風水法度。

六十五問－人們常常說三元元空風水之學，只重理氣，不重形勢，今聽聞筆者（馬泰青）說：「重於形勢之人，沒有比精於元空理氣之人更好。」何以學習三合理氣之人，不遺餘力地詆譭元空呢？繼大師意譯

答曰：這是有它的原因的，元空之學問，可以挽回造化，必須擇人而授，給人家造風水，亦必須擇人而造，而風水業內人士，不得其門而入，行業中人，不得不使用三合風水而賺取金錢作謀生，於是便專門詆譭元空學問，世俗之人無知，助他們一同誹謗。

三元元空學家，身懷難得之秘訣，他們得絕學而隱居避世，韜光養晦，以避開世俗之糾纏，無心與人分辯，亦不值得與人們分辯，這些以三合風水作謀生之人皆自作自受，是天意，亦是命也。

六十六問－高山大壠（高地）、平原、平陽上認龍點穴，既是如此真及準確，適合古今名師扦葬，他們應當在大幹大枝特結之處立穴，但考據後，發覺其實並非全部都是，而用旁城借局，及牽強相就用事者甚多！

繼大師意譯

答曰：是有這樣說法，或正龍正穴，當未可用之時，用之恐怕引致禍端，不如就在其偏側而可用之處立穴，用之以邀福，或其造葬者福主之德行淺薄，風水師不想逆天而行，姑且使用次等之穴地，若詳細詢問其後代子孫之人事情況，則自可見也。

繼大師註：正龍正穴而未能使用，即元運不合，用之招凶；若側旁有地而沒有犯上巒頭之煞，但合於元運，是可以造葬的，亦能邀福。「旁城借局」指穴地承接氣脈，左右有砂脈守護，前有堂局，但不是主脈落脈，更非真結之穴地，或靠山不正中，但前方有廣大明堂，四週所有山脈圍繞著大明堂，為眾龍所共用，借其堂局，沒有犯煞，穴取當元旺運，亦可使用，為安金之地，即平安地也。

六十七問——元空風水之術，不是說可以用它來行善積德的嗎！何以又有「不輕易為人施用」之說，豈不是自相矛盾嗎？

繼大師意譯

答曰：所謂行善積德，乃是若遇人家男丁少及壽命短者，後代宗嗣垂將絕者，為他們扦一丁壽之地。若遇上品學優良而貧困不能成功之人，為他們扦一富貴之地。遇上世代仁厚之人，又剛逢大吉之地，理應指點，或其人在世上無犯大惡，身遭奇殃而為他轉移，化凶為吉，只要其人恭敬信受，則不取謝金報酬，是謂之：「行善積德」。倘若其人挾富挾貴而陰鷙全無，又希望得到極大的福份，且以財利為餌，誘地師或遠或近地走來相就，若此等人，決不輕易為他施用。

筆者（馬泰青）曾見李師（筆者馬泰青之師父李振宇地師）為一親王看生基塋塚，微嫌地有少許狹窄，親王問其奴僕曰：「側傍之地是何人。」奴僕曰：「是民地也。」親王說：「可否將我墳之界移過去。」李師怒曰：「為何不以價錢買下而奪取人民之財產呢！」他忿怒地登車而去，親王接二連三地至其寓所求請李師，李師卻不顧，星夜兼程回鄉。

三元元空門派中，專以救人濟世為念，對王侯與乞丐均一視同仁，豈會在富貴及貧賤之人上作分別呢！

繼大師註：像李振宇地師這種人，世間少有，具真材實料，風水功力深厚，有真功夫，又不貪財，又行於正道，對於富貴貧賤之人，一視同仁，代天行道，濟世為懷，真是功德無量！但願世間多一點這種人，使風水界蒙受光彩。

六十八問－舊墳舊宅，改向改門，可以轉禍為福嗎？　繼大師意譯

答曰：陽宅可以，陰地則不能，陽宅以門路通陽氣出入，故門路在衰敗之方不吉，可將門路移就旺運之方，則可化凶為吉。至於陰宅墓地，則以水口為門，以元辰水為路。（繼大師註：陰宅墓地拜台正前方有半圓形之平托，托邊有壆，壆之吉方開出一小孔，以作雨水流出，此乃水口位置，煞水出則旺氣入穴。元辰水即穴後方之水。）

若土塚之上，是以碑向為向，不似門和路可通出入，僅將其碑改向，怎能轉移禍福呢！此皆是鄙陋之俗師，希望得到庚金，（繼大師註：庚金即是地師看穴地之報酬。），登人之山墳，即令其人改碑換向，入人之陽宅，即使之建灶頭，修屋內之方位，個個地師莫不是這樣，推測其俗師之心理，原屬為了自己，非為他人也。

而可以更改之陰地，惟有平陽穴地，因以路為水，或以小小溝渠立局，可以改就旺方，如同陽宅之改門改路，因為陽宅之「門」即「水口」也，「路」即「水氣」也，（繼大師註：陽宅之門即入屋之氣口，路即來氣之位置。）平陽穴地之改水口溝渠，與陽宅之門路同一道理，或以四圍安置牆壁及安門而迎生就旺，亦是此意。

若是山隴（高地）山崗及平原，砂纏（山脈）水繞，其高低顯然，是天地所生定，無可改移，豈會扭轉一碑之向度，即能免去災禍而造福呢！

喜歡這樣說的人，皆屬三合理氣、洪範、撥砂、輔星之流的俗師，以二十四山向為主，改一向則滿盤之生旺死絕全變。請讀者以道理審度之，豈有改一魂墳墓石碑之向，便能使龍穴砂水天地之氣隨之而變吉或變凶乎！不待深入研究而可知其道理是虛假的。

繼大師註：在山崗龍法中，其到頭入首一節是來龍之地氣入穴處，其方向及形態是天地生成的，龍向與水向是相對的，穴前大局之出入氣口，亦是天生自然的，龍有龍運，水有水之運，因是天生自然，所以是定數，而吉穴之碑向，是要配合來龍及水口而定出的，其原理是：

來龍配坐山 ── 龍與穴之坐山合於洛書先天生成之數及後天對待之數

水口配穴向 ── 水口與穴之向合於洛書先天生成之數及後天對待之數

因為穴有一定之坐山，必有一定之向度，坐山若是子（北），其向必是午（南），在卦理上必定是合十夫婦卦，由於龍與坐山合，水口與穴向合，坐山與向度又是合十之夫婦卦，龍與水又是相對合十的，四者關係密切。因此，若深懂巒頭及理氣者，則必定知道穴之興旺，穴有一定之時運，不能勉強其穴之向度，所以馬泰青地師認為山崗龍不能扭轉其穴之碑向而使其立刻轉禍為福。

這是三元元空理氣六十四卦與巒頭上所配合之根本理論，若是三元元空高手，定知六十四卦中之七星打劫法，將龍運水運顛倒，這就是：

七星打劫元運做
上下兩元來顛倒
強而作之不為凶
待運輪轉改向度

這是方便法。必須是風水明師始可為之。

若是平陽地或平洋地，其龍穴大局之出入水口亦是天生自然，雖是定數之運，但山崗龍穴可在拜台上用人工改造水口，亦可改變其數。

龍、水、穴、向之衰旺原理，註者繼大師解釋其先後關係如下：

龍、水不當運而向當運 — 先旺後衰
龍、水當運而向不當運 — 先衰後旺

而龍、水、向亦各有所屬之元運，須一同綜合察看始能應驗。

最後就是，倘若墳碑向度錯誤而不合元運，是可以修改的，但一定要請得明師修造，同時福主自己本身要具備大功德力來配合。

六十九問－不久以前，曾與先生（馬泰青）同遊三處地穴，坐向砂水皆相同，何以一處指他發富緩慢而敗亦遲，一處指其應出富豪而子孫不孝，一處指其應富貴而閨門不潔（出淫蕩女子），回來時向福主們查詢，果然是真的，究竟是從何處去判斷呢？

繼大師意譯

答曰：是從形勢及理氣上去判斷。其發富緩慢而敗亦遲者，是穴之來龍懶坦，穴向之前面中間有凹窩之乾流，沒有真水。其出富豪而子孫不孝者，是穴之來龍粗雄，穴前向着反弓水。

其穴應富貴而閨門不潔者，其來龍有過峽有帳。穴向有「屈曲之玄」的水流，唯獨穴之左右砂脈皆是田地，且有沖穴之勢，左手「辰、巽」方（東南方）上有水塘一口，右手「酉、辛」方（西方）有水塘一口，乃遠方外局美，而穴之向度得運，水塘方位雜亂又失運，因此有這樣之尅應。

三合家只知道有生旺墓庫及看水之來去，怎會知有敗運之水在內，為害不淺，倘若是合運之水，則作吉水斷之，他們懵懂，怎能對他們說呢！

繼大師註：來龍懶坦者，整條來龍平坦寬廣，山脈沒有變化，有不欲前進之勢。反弓水者，弧形水橫流穴前，水反處近墳穴，名「反弓水」或「背城水」，主出不孝之人。

過峽者，在行龍之山脈中收窄之處稱「過峽」，其作用使山脈龍氣收於一點，然後再前行，脈起出山丘星辰而結穴，有化解山脈來龍煞氣的作用，圓肥者稱「蜂腰」，窄長者稱「鶴膝」。開帳者，即龍之發脈處是一座橫闊的大山，這表示龍出身之山脈雄厚。

七十問 — 據重陰宅結穴之人說，陰宅吉穴可以調和及改變天地造化而不管陽宅。著重陽宅之人則說，陽宅可以挽回天心而不顧陰宅墳地，兩者比較，何者為重？何者為輕？

繼大師意譯

答曰：陰宅（祖墳）猶如樹木之土壤，陽宅（房子）猶如樹之雨露，若植物之土根肥壤，縱使下雨日期耽誤，其樹之枝葉暫時憔悴，終久得滋潤而枝榮，此乃陰地佳而陽宅劣。

若植物之土根貧瘠，縱使雨露平均，其枝葉暫時繁華，始終必會枯萎，此乃陽宅佳而陰地劣。這樣之譬喻，最為恰當，若詳細考據陰陽二宅之力，陰地當居十分之七至八，陽宅當居十分之二至三而已。

繼大師註：陰宅及陽居的風水同樣重要，但若沒有陰宅地氣的福蔭，亦難以找到陽居風水地，故此以陰宅風水為先，為首要，陽居風水為後，最好兩者同樣得到地氣。

七十一問－陽宅書中有云：「人家子孫不興旺者，遷其父母之床，其子孫即發旺。」這是否有應驗？

繼大師意譯

答曰：說這話者，是用舊八宅之法，遷其父母之床於生氣、延年、天醫之方位，不能完全得到效驗。筆者（馬泰青）之元空術中，亦有用此種方法，因為床乃生人八尺之穴，人生之三份一以上時間是睡在床上，死者骨殖所葬之墳，尚能福蔭其後人，活人父母之床，豈不能福蔭其子息。筆者（馬泰青）曾為兩人催其官貴，使他們成功考取秀才功名，此甚準。

（繼大師註：原文「入泮」即用風水使他能夠考取秀才功名，入泮「音拌」即清代稱考取秀才。）

繼大師註：

八宅風水，其原理是將一個圓週分為八大份，以四正方（東、南、西、北），及四隅方（東南、西南、東北、西北）為中心，八個方位配以八個大卦，以屋之坐山為該宅之卦宅，即是：

宅坐西北——乾宅　　宅坐北方——坎宅　　宅坐東北——艮宅

宅坐東方——震宅　　宅坐東南——巽宅　　宅座南方——離宅

宅坐西南——坤宅　　宅坐西方——兑宅

將八個大方位分陰陽，分為：
東四宅 — 震、巽、坎、離。
西四宅 — 乾、兌、艮、坤。

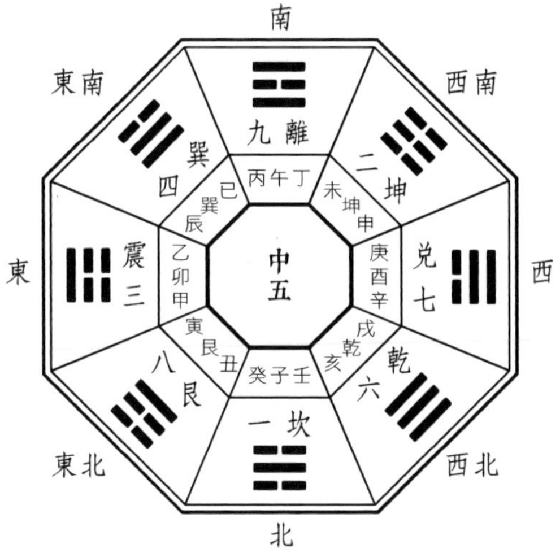

後天大八卦方位圖
繼大師作圖壬午年季秋吉日

陽居如坐西北之乾宅，必向東南巽方，其宅命以後天大卦乾宮為主，其關係如下：

乾卦宅命

乾卦本身宮位 — 伏位吉方 — 貪狼 ☰
乾卦變上爻為兌卦 — 生氣吉方 — 武曲 ☱。
兌卦變中爻是震卦 — 五鬼凶方 — 巨門 ☳。
震卦變初爻是坤卦 — 延年吉方 — 右弼 ☷。
坤卦變中爻是坎卦 — 六煞凶方 — 祿存 ☵。
坎卦變三爻是巽卦 — 禍害凶方 — 左輔 ☴。
巽卦變中爻是艮卦 — 天醫吉方 — 文曲 ☶。
艮卦變初爻是離卦 — 絕命凶方 — 破軍 ☲。
離卦變中爻是乾卦 — 還原本宅宅命之卦 ☰。

八宅以四大卦方是吉，四大卦方是凶，其八大卦之宅運吉凶如下：

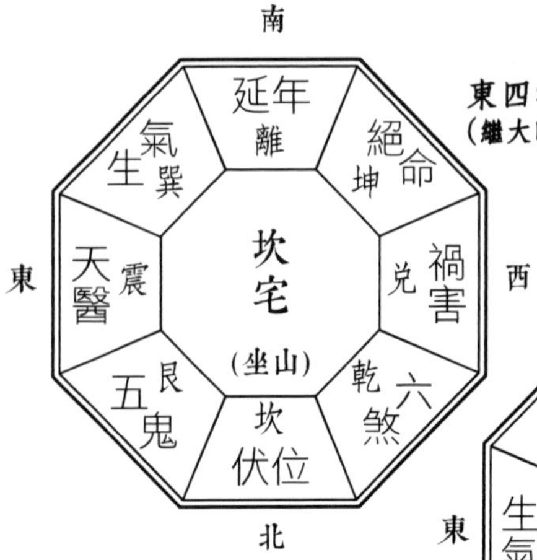

東四宅運 一
（繼大師作圖）

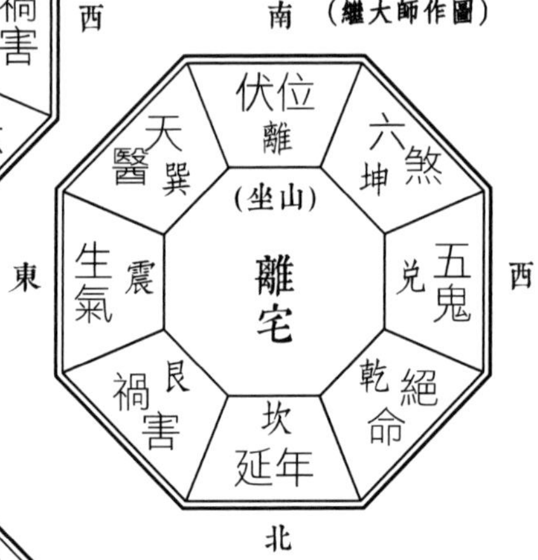

東四宅運 二
（繼大師作圖）

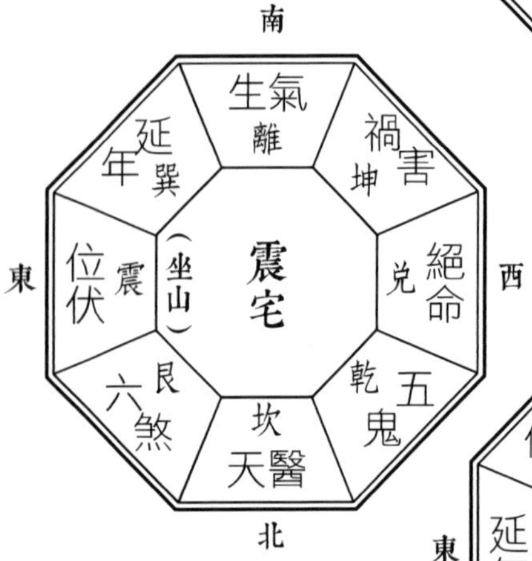

東四宅運 三
（繼大師作圖）

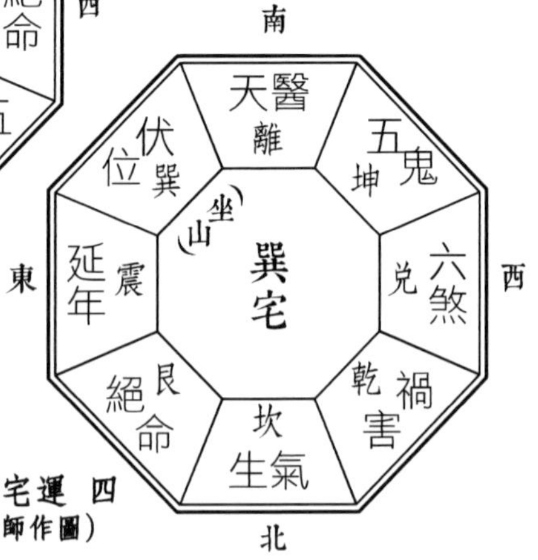

東四宅運 四
（繼大師作圖）

西四宅運 一
（繼大師作圖）

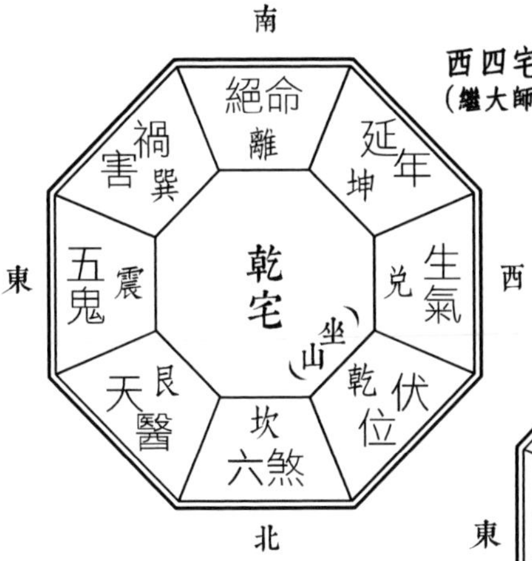

西四宅運 二
（繼大師作圖）

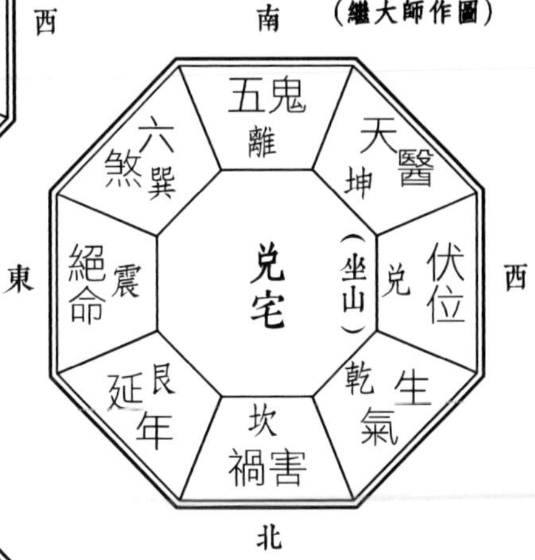

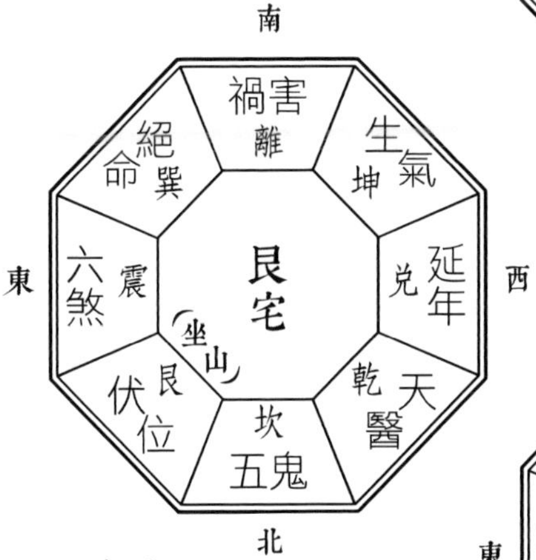

西四宅運 三
（繼大師作圖）

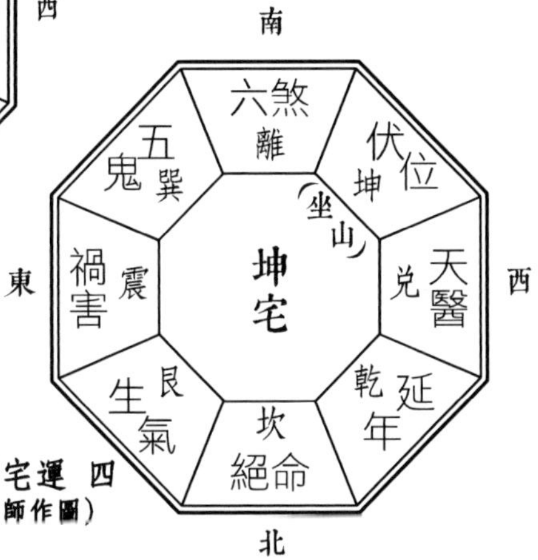

西四宅運 四
（繼大師作圖）

不論東西四宅，必有四吉方位及四凶方。

四吉方之原理是：

生氣－武曲－本卦變上爻

延年－右弼－本卦三爻全變

天醫－文曲－本卦變初及二爻

伏位－貪狼－本卦不變

四凶方之原理是：

絕命－破軍－本卦變中爻

五鬼－巨門－本卦變上爻及中爻

禍害－左輔－本卦變初爻

六煞－祿存－本卦變上爻及初爻

（詳情請參閱「榮光園出版社出版」，繼大師著《紫白精義全書高階》第五十六頁至七十六頁〈第七章〉〈八宅原理詳解〉。

八宅所認定之吉凶原理，其實是宅命卦之變化，以宅命卦之變爻而定吉凶，與宅命卦合則吉，與宅命卦數不合則凶也。茲列表如下：

本卦	四凶卦				四吉卦			
	絕命（變二爻）	五鬼（變中上爻）	禍害（變初爻）	六煞（變初上爻）	伏位（三爻不變）	生氣（變上爻）	天醫（變初二爻）	延年（三爻全變）
☰	☲	☳	☴	☵	☰	☱	☶	☷
☱	☳	☲	☵	☴	☱	☰	☷	☶
☲	☰	☱	☶	☷	☲	☳	☴	☵
☳	☱	☰	☷	☶	☳	☲	☵	☴
☴	☶	☷	☰	☱	☴	☵	☲	☳
☵	☷	☶	☱	☰	☵	☴	☳	☲
☶	☴	☵	☲	☳	☶	☷	☰	☱
☷	☵	☴	☳	☲	☷	☶	☱	☰

繼大師作表

七十二問－挨星之法，既少有真傳，如是乎，三合家有貪狼之挨星，有輔星、遊年、翻卦之挨星，元空家又有各種之挨星，獨有范宜賓先生之挨星圖，《風水一書》中均遵從之，《地理錄要》中收之，《地理三字經》極力讚揚，然則挨星圖是否接近真的挨星呢？

繼大師意譯

答曰：是則是，非則非，怎會有似是而非近乎真的道理呢！只能足以亂真罷了！其所分者，將二十四山中之「子、午、卯、酉、乾、坤、艮、巽」（四正及四隅方）作為八個所屬天元之廿四山（二十四山之天元卦山），將「寅、申、巳、亥、乙、辛、丁、癸」作為八個所屬人元之廿四山，（二十四山之人元卦山），將「辰、戌、丑、未、甲、庚、壬、丙」作為八個所屬地元之廿四山（二十四山之地元卦山）。

從坐山方挨出一局，從向度方挨出一局，共成四十八局（廿四山乘二）將「貪狼一、巨門二、祿存三、文曲四、武曲六、破軍七、左輔八、右弼九」挨加天元之八方、地元之八方及人元之八方，以廉貞入中宮，惟有八星左旋右旋，以「貪狼一、巨門二、武曲六」為三吉星，挨加於砂水（山脈及水流）之上。倘若有如是之地，即如是挨，此方法與三合家之「生、旺、墓、庫、遊年翻卦」死板格局，有何分別。

真正之挨星訣法，雖《欽定協紀辨方》中，亦僅存三元九星之文章，未有印上所用之口訣，只備作參考，在國家面前以求博得讚賞，亦只寫出文章，而不把口訣用法說明，足見前賢之守秘，其秘密程度已到了這樣的地步。

繼大師註：「挨星法」見於《地理辨正疏》楊筠松著〈青囊奧語〉內。（武陵出版社出版〈卷之二下〉第一二五至一二六頁。）口訣為：「坤壬乙。巨門從頭出　。艮丙辛。位位是破軍。巽辰亥。盡是武曲位。甲癸申。貪狼一路行。」

「坤壬乙」即是二運及八運卦，為「巨門」及「左輔」。

「艮丙辛」即是三運及七運卦，為「祿存」及「破軍」。

「巽辰亥」即是四運及六運卦，為「文曲」及「武曲」。
「甲癸申」即是一運及九運卦，為「貪狼」及「右弼」。

原則上挨星訣之一，就是同運卦及合十運卦。張心言地師將挨星圓圖卦象，列於〈卷首卦圖說〉內，見於《地理辨正疏》（武陵出版社出版 — 第四十一至四十四頁），是首位公開挨星口訣卦圖之地師。

《青囊奧語》云：「坤壬乙。巨門從頭出。」（見《地理辨正疏》第一二五至一二六頁。）張心言補註云：坤中之升。壬中之觀。二運巨門也。乙中之節。八運輔星也。二與八通。取八運以補二運之偏。故姜垚謂坤壬乙。非盡巨門。而與巨門為一例。

「艮丙辛。位位是破軍。」張心言補註云：丙中之大有。七運破軍也。若艮中之明夷。辛中之小過。三運祿存也。七與三通。取七運以補三運之偏。

「巽辰亥。盡是武曲位。」張心言補註云：辰中之履。六運武曲也。若巽中之大畜。亥中之萃。四運文曲也。六與四通。取六運以補四運之偏。

「甲癸申。貪狼一路行。」張心言補註云：甲中之離。一運貪狼也。癸中之益。申中之未濟。九運弼星也。一與九通。取弼星以補貪狼之偏。九星另有參變處。詳《寶照經》天元註。

七十三問－蔣大鴻先生定制之羅盤，四正卦以每卦兩陰一陽，四隅卦兩陽一陰，蔣公立法如此，范氏（范宜賓）陽順陰逆，依法挨加，其錯在何處呢？

繼大師意譯

答曰：蔣公（蔣大鴻）所謂陽順陰逆者，謂各宮之陰陽，當是如此，以此為法，並非死定在本位上。例如二黑運內，二黑入中，一白在巽宮，則「辰、巽、巳」三向（二十四山中之東南方），要用一白「壬、子、癸」（北方宮位）之陰陽，不用「辰、巽、巳」之陰陽，三碧在乾（西北方，則「戌、乾、亥」三向要用三碧「甲、卯、乙」（東方）之陰陽，不用「戌、乾、亥」（西北方）之陰陽。八宮九運，皆是如此運用，玄妙無窮。茲特舉天心正運下卦起星之大綱，若誤信偽術，此處一錯，則滿盤皆錯矣。

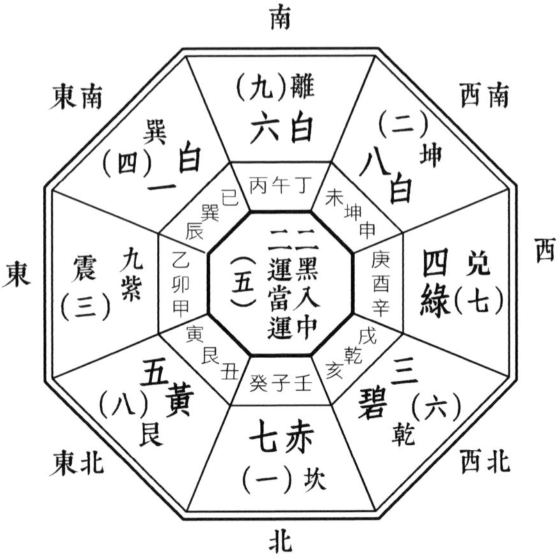

括弧（　）內是本運固定位置，二黑運時
二黑巨門入中順飛，各宮之數是流行星運。

繼大師註：在蔣大鴻所著《天元餘義》內之〈遁五黃方〉有云：

「河圖洛書以五十居中。而九宮亦以五黃為極。凡立穴定向。必要取五黃所到之方。必要收五黃所到之水。以五黃居中為主。能領袖八方也。

如上元一白當令。則以一白入中。調佈五黃在離。故要收離水到穴。下元七赤當令。即以七赤入中。調佈五黃在震。故要取震水作主。五黃得令。寄旺於艮坤辰戌丑未。而以五黃入中。調佈此八方之水。餘可類推。」

而在七十三問之問答中，其所謂「各宮之陰陽順逆」，是活法也，馬泰青地師所說的，正是蔣大鴻先生中之《天元餘義 — 遁五黃方》內之口訣，其「下卦起星」之語，是指元空六十四卦中之卦運，並非指沈氏玄空二十四山之方位。據註譯者繼大師瞭解，這以當元入中宮之法，計算元運山水陰陽順逆之挨法， 正如這《遁五黃方》說之：「凡立穴定向。必要取五黃所到之方。必要收五黃所到之水。」

又云：「下元七赤當令。即以七赤入中。調佈五黃在震。故要取震水作主。」

這是以洛書之數，依元運入中，以洛書數所排之軌跡運行，陽水順飛，陰山逆排，即如下元七赤管運，陽水順飛，五黃到後天震方（東方），先天八大卦位為離，洛書數是三，三與七赤運合十，故說「要取震水作主」。

這口訣是以洛書數計算山水元運之方法，再配合元空六十四卦中之山水陰陽管局秘法，方能使用。據註譯者繼大師之經驗，這口訣並非沈氏玄空學之山星向星順逆飛排口訣，沈氏曲解蔣大鴻之元空學，取其名稱，而意義相悖，簡直是兩樣東西，此乃得書不得訣而自創玄空學也。總說一句先賢蔣大鴻之語：「真訣必須心傳口授。」

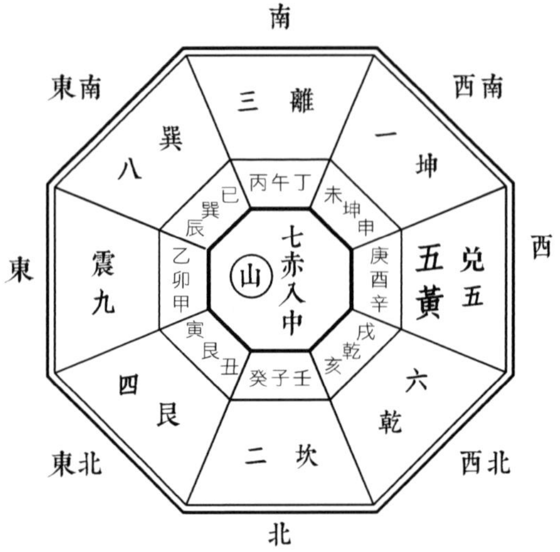

《陰山逆排》五黃在兌，兌宮收山

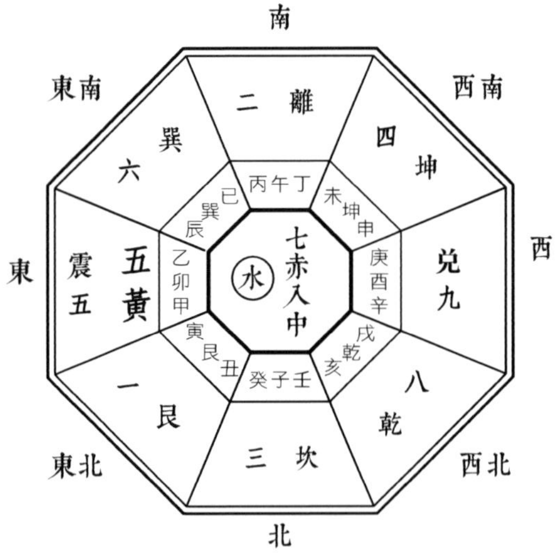

《陽水順飛》五黃在震，震宮收水

七十四問－羅經中有中針、縫針、正針三針，今蔣法只用正針，其中、縫二針，竟無用嗎？

繼大師意譯

答曰：我（馬泰青）昔日曾學三合風水理氣，讀《羅經解》研究三針（正針、縫針、中針）之作用，曾經試用之，皆不及三元理氣之效驗，雖然三合有正針偏東三分之說，而縫針向西，又不在三分之上。西洋之土圭測影，亦有正針偏東之說，其縫針既不合正位，且用之無應驗，蔣公（蔣大鴻）用正針，試用之既靈驗，一於依照正針為是。

至於中針更加偏往東，更屬不合理，毋庸置議。正針之源，始自於黃帝周公，中縫二針，托名楊公（楊筠松）及賴公（賴太素即賴布衣），以此驚嚇愚人則可，若然施用，則誤人多矣。

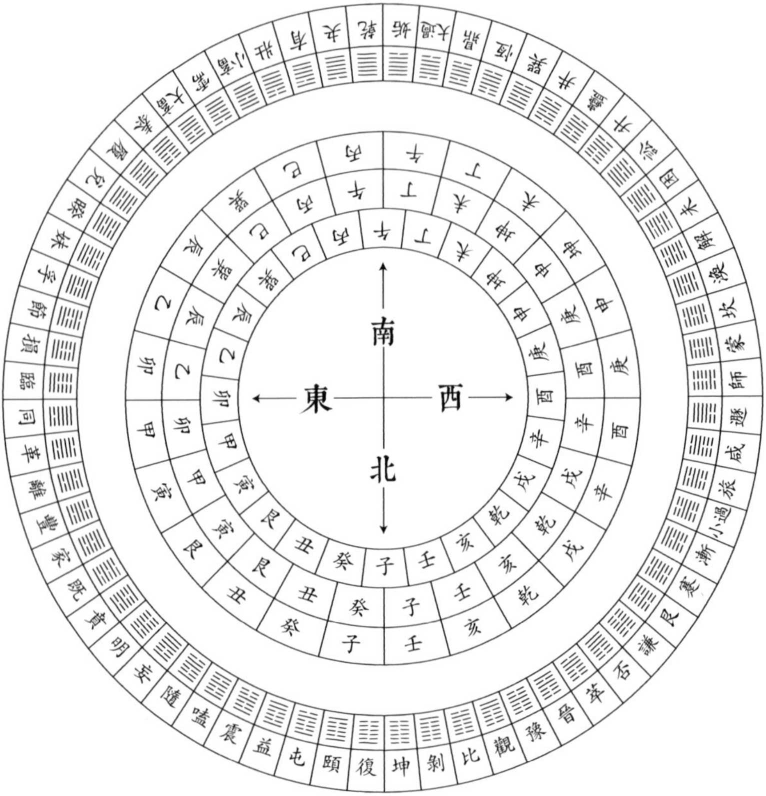

內盤 —— 地盤正針立向　　外盤 —— 天盤縫針納水

中盤 —— 人盤中針消砂

最外盤是三元元空六十四卦之外盤(即天盤)
內盤為三合盤之、內、中、外層二十四山盤
三合家用三合地盤正針立向為準

繼大師圖　壬午年季秋吉日

七十五問－賴公（賴太素，即賴布衣地師）《二十八宿撥砂法》、《鉛彈子穿透真傳》，張九儀地師專成一家之說，極誇其神奇，極力痛詆元空為無用，其撥砂法，果真有証驗嗎？

繼大師意譯

答曰：筆者（馬泰青）昔日亦曾學過，直至明白元空學及考察覆核後，始終都是合得元空之旺砂則吉（穴附近之所有山脈），不合者則不驗，而其中最不合理者，莫過於日月之八宿，凡二十八宿，週佈於羅盤之四方，每方七宿，以木、金、土、日、月、火、水七政配之，按《天文書》說：「日月自有日月之本性。」張九儀以「房、虛、昴、星」四日宿為火，已屬牽強，月則與水同一類，「心、危、畢、張」四月宿，亦指之為火，便謂火星當有十二宿，用之最利，其實他們不知已被謬誤，而極力詆譭元空，多見其不知自量也。

天文列象之圖

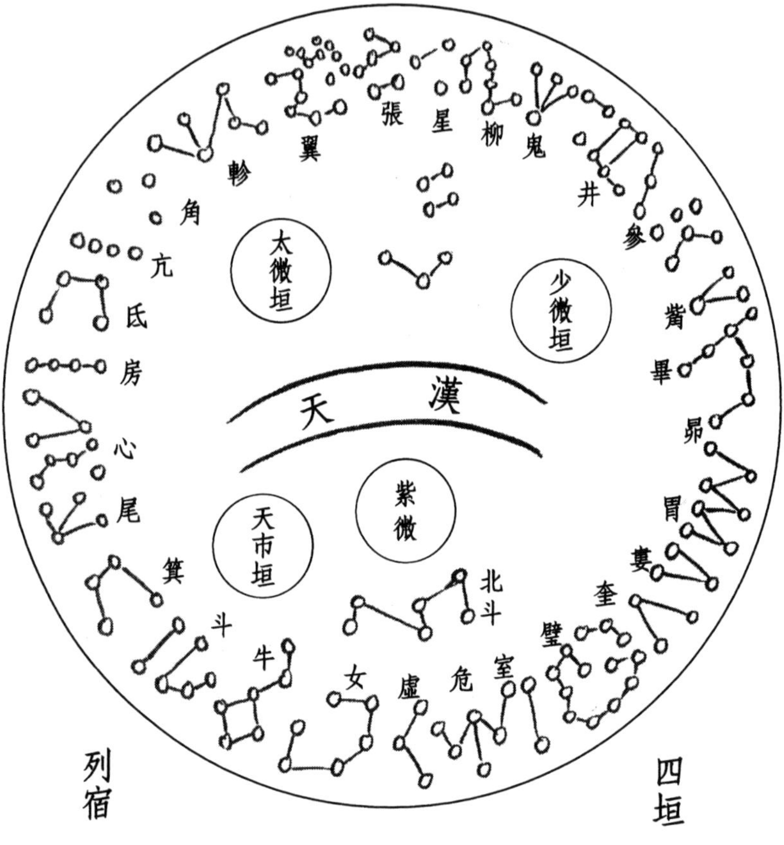

二十八宿方位，東方青龍七宿
南方朱雀七宿，西方白虎七宿，
北方玄武七宿，在天象之位置圖

繼大師繪　　壬午年秋天吉日

七十六問——世俗所稱〈黃泉水法〉云：「八個黃泉能救人。八個黃泉能殺人。」其能救人殺人，莫非即是元空？　繼大師意譯

答曰：三元元空學固然能救人殺人，但卻並非是黃泉，其黃泉歌云：「庚丁坤位是黃泉。乙丙須防巽水先。甲癸向中憂見艮。辛壬水路怕當乾。」不過庚丁向不宜見坤水，乙丙向不宜見巽水，甲癸向不宜見艮水，辛壬向不宜見乾水而已，若見之而吉，則呼為救人黃泉，見之而凶，則指為殺人黃泉，全屬反覆無憑之說話。

又有解作：「來水為殺人黃泉。去水為救人黃泉。」純是胡猜亂摸而已，若依三元元空理氣，只取天地生成之形勢，往來消長之氣運立向消水，不問其是否黃泉也。

七十七問－乾坤艮巽四黃泉，既然不足為憑，又有乾坤艮巽四御階，亦不足為憑據，則元空之憑據在那裡呢？

繼大師意譯

答曰：即以庚丁坤位是黃泉而論，庚在七宮（西方兌宮），丁在九宮（南方離宮），坤乃二宮（西南坤宮），若作庚向，使向中之水兼見坤流，是由七兼二也，若作丁向，使向中之水兼見坤流，是以九兼二也。

依元空而論，即不是一元，謂之駁雜不純，在交上凶運時，怎能不敗呢！怎能不殺人呢！若庚丁向水，專在坤宮，左不兼丁，右不兼庚，清純不雜，再交上吉運，怎能不興旺，怎能不救人呢！

若坤向見庚丁水，亦如此，所以謂之御街，乃水法清純，又正當吉運之故，倘若當上凶運一樣為禍，其犯駁雜者（繼大師註：即陰陽交界處。）乃七九得運，二宮失運之時；即到二宮得運，七九為失運之時，永無全吉之日，他們不知為何會這樣！便呼之為「殺人黃泉」。

繼大師註：在八大宮位之分野中，其分界線有兩種，其中一種以四正及四隅方為中心，即以二十四山之「子、午、卯、酉、乾、坤、艮、巽」為各八大宮之中心，配以先天八大卦，為三合家所選用，以「一卦配三山」之說法為根本理論，若配以先天八大卦宮位，其「一卦管三山」即是：

南方先天乾卦九數 — 丙、午、丁山
東南方先天兌卦四數 — 辰、巽、巳山
東方先天離卦三數 — 甲、卯、乙山
東北方先天震卦八數 — 丑、艮、寅山
西南方先天巽卦二數 — 未、坤、申山
西方先天坎卦七數 — 庚、酉、辛山
西北方先天艮卦六數 — 戌、乾、亥山
北方先天坤卦一數 — 壬、子、癸山

八卦配二十四山圖

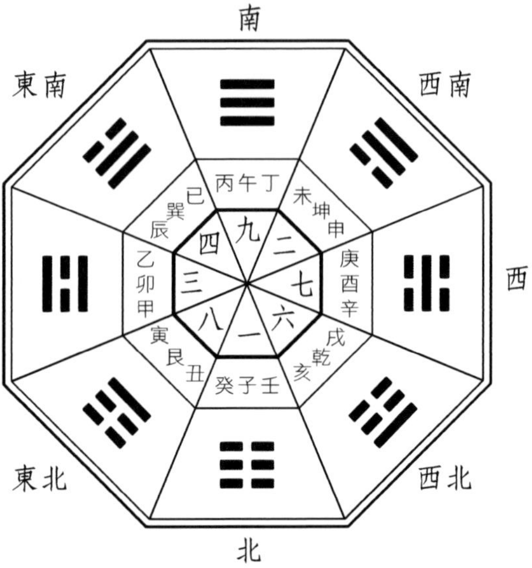

繼大師圖　壬午年季秋吉日

庚向中之水兼見坤流是七兼二
丁向中之水兼見坤流是九兼二

另外，三元盤之地盤六十四卦及天盤六十四卦之排列，依照先天洛書數而排，亦是九、四、三、八、二、七、六、一，與紫白飛星排列相同。

七十八問－古今帝王無數，怎能得到出天子之穴地而葬呢？

繼大師意譯

答曰：葬天子者，並非是天子之穴地也，例如世間有一脈相成的創業家，其起初必得一大富大貴之地，可福蔭後代，由一個未有功名的讀書人而達致卿相，（國家高層官員，執政的大臣。）以後其另一祖先又得一平穩之吉穴，即可保其一代富貴，帝王之地亦是這樣，必其頭一代帝王之祖先（父母親）葬於正幹正穴之真帝王地，生得帝王而開基建國，以後但得龍真穴的之地，合得元運，自然四海昇平，整個天下都能平定。

自古以來，惟有中幹龍（中國中部秦嶺山脈，中支幹結西安、洛陽等城市。）和北幹龍（中國東北部長白山山脈之滿清女真族。）所出之帝王能統一天下。中幹龍連著泰山（泰山又稱岱山），今隔黃河。南幹龍則是被割據及被霸佔而已，雖建國亦不能長久，歷史可以作為証明。（南龍祖山起黃山，結臨安、南京杭州等城市。）

繼大師註：這句：「葬天子者。非天子地也。」正是得真訣者之真實語。在《地理人子須知》〈卷一下〉〈龍法〉（乾坤出版社第卅三至卅四頁）有引述《龍興慈記》，說泗州有楊家墩，墩下有窩，朱元璋祖父朱初一被兩位屬於師徒關係的道士所指點，後朱元璋父親朱世珍把朱元璋的祖父朱初一葬下一出天子的大地，半年後朱世珍妻子懷孕，生下朱元璋。

後朱世珍逝世，朱元璋抬著父親屍骸落葬，途中經九龍崗，突然風雨大作，繩索自動斷掉，棺木落地，泥土自動堆積為墳，人說是葬在九龍頭上，而外明堂淮河上有九峰插天，當出天子。註譯者繼大師認為這樣的說法比較傳奇，但無論如何，祖先都是葬得大地，能蔭生帝皇。

現時朱元璋祖墳「明祖陵」在泗州城北側，距離盱眙縣西北方約廿多公里，在淮河河邊，淮河長一千多公里，所謂：「千里來龍，必結帝皇之穴。」由於河道轉變，現時淮河已成了長江的支流，出皇帝的明祖陵已浸在江底下，皇陵全被水流所淹沒。

此穴相傳是宋朝國師吳景鸞先生獻給北宋皇朝宋英宗趙曙，留待葬他的父親宋仁宗趙禎的大地，可惜宋英宗不相信他。註譯者繼大師認為，人有人運，國有國運，當沒有運行時，身邊的小人自然當道，貴人自動離開。可參閱士林出版社出版《珍藏古本堪輿秘笈奇書》〈卷之十二〉吳景鸞〈辨牛頭山陵表〉。

因此明朝的天下，其祖地是由朱初一（熙祖）及朱世珍（仁祖）所孕育而成，而並非朱元璋和馬氏所葬之南京紫金山獨龍阜玩珠峰下之明孝陵及北京明十三陵所蔭。當然這正如馬泰青先生所說：「頭一代帝王之祖先葬於正幹正穴之真帝王地，生得帝王而開基建國，以後但得龍真穴的之地，合得元運，自然四海昇平。」

七十九問 — 平民地有吉凶，關乎一家，帝王地有吉凶，關乎天下，假使生於亂世時代，平民祖墳墓地將無權主宰吉凶嗎？

繼大師意譯

答曰：不對也，當賊寇縱橫之際，若其人祖先葬有吉地，雖頻遭劫掠，始終能平安無事。若其人祖先葬在凶地，雖在遠避他鄉之處，不遇殺戮，亦必死亡。此是筆者（馬泰青）親自所目擊之事，並非說假話而欺人，研究地理的人們，是否曾經有如此這樣地留心及考究其証驗呢！

繼大師註：昔日註譯者繼大師跟隨恩師　呂克明先生學習三元元空大卦風水時，有同門提出一問題，就是：

「若有人得到祖墳陰宅風水的助力，生於戰亂時代，或生於太平時代，兩者有何不同呢！」

呂師回答是：

「其人祖先葬得風水吉地，雖生於戰亂時代，此人始終能夠平安無事。若其人祖先葬得風水凶地，雖生於太平盛世，始終會遭受意外而亡。」

此答案與馬泰青地師所說相同，可謂：英雄所見略同。

八十問－陰陽二家之學說既然如此，當他們給人做陰陽二宅風水之時，無不慎重選擇，又說若選擇稍有差池，即能使陰陽二宅轉吉成凶，減其福力。其擅於擇日法之長者則誇大其辭，直謂選擇之法，只須動土修方，便可使凶地凶宅立轉為吉祥，倘若三家之說並行，將如何適從呢？　繼大師意譯

答曰：陽宅之力，不敵陰地力量之一半，於七十問中已詳細說明，而選擇日課造葬，是最其次也，其大略是避卻太歲、三煞、年月日時之空破，避開與化命祭主之刑沖尅害已足夠矣。至於像〈七政四餘〉的選擇法，分「恩、用、仇、難」，以扶助祭主而趨吉避凶。

楊公（楊筠松地師）著之《造命歌》已詳細地說明其主旨，而遠省僻縣之地，歷法難實行，精於此道者甚稀少，即使或用之，反而生出疑惑，在鄉村中無知之人，使用《鰲頭象吉》等書，拘泥於各種不合理之神煞，雖有《欽定協紀辨方》一書澄清它的謬妄之處，但庸俗之人仍然相信它。

筆者（馬泰青）遍考新舊名墓，以及村落墳厝（厝音措，臨時停放棺木待葬之處。）只根據形勢理氣以決定禍福，無不一目瞭然，並不問其何月日時神煞吉凶，可見選擇之力，不敵陰陽二宅之形勢理氣，且富貴人家巨族，其墳塚大而墳碑高，選擇造葬日期並非不慎重講求，何以葬在不吉之地而令子孫敗絕呢！其歷代王侯卜葬穴地，並非沒有司天文之太史為他們仔細審核，但為何葬於凶地上而補救無效，這些疑惑不須等待伸辯而自明白矣！

但見世俗卜葬之擇日日課，不論穴地形勢理氣是否真，及其吉凶如何等，專講擇日日課干支扶山補龍之法，其實墳穴是永遠長久之地，惟以形勢理氣是憑據，豈以一日之干支，即能扶山補龍，令其福力永遠長久地延續下去呢！

筆者（馬泰青）每每為人扦葬，是吉地則用，是凶地則不用，只依《協紀辨方》避卻刑沖尅害，葬於合運之地，沒有不吉利的。願天下愛好風水此道者，應該極力講求形勢，且精習於理氣，無須使本末倒置。

繼大師註：《沈氏玄空學》〈卷六〉，蔣大鴻祖師弟子姜垚先生著《從師隨筆》（《沈氏玄空學》第八五八頁）內有云：

師（指蔣大鴻地師）授以天星選擇（即七政四餘天星擇日法）謂之曰：

「巒頭不佳。理氣不合。天星亦無用。巒頭本也。理氣末也。天星末之又末也。」

此段重點分為三個次第：

（一）無論是陽宅或是陰宅，皆以巒頭形勢為主。

（二）配合坐山生旺向度。

（三）擇日為助力。

蔣大鴻地師並沒有把擇日放棄，他在《天元歌五章》（武陵出版之《相地指迷》〈卷之二〉第六十一頁）有云：

「地利天時古聖言。堪輿兩字義相連。浪說江南無大地。但取年月日時利。真龍大地遍江南。也要天時一力添。初年禍福天時驗。歲久方知地有權。」

蔣氏說明，地氣為主，應驗在後而且持久，擇日為助力，擇日之應驗在先而且短暫；這見解是明白其「先後、輕重、次第」之實況，蔣氏並未曾放棄擇日學，是明白風水中的整個關係也。

註譯者繼大師認為以風水巒頭形勢為首，以坐山生旺向度去配合，以造葬的擇日日課去作助力，正是風水上的整套功夫，三者不可偏廢。

擇日日課，其年、月、日、時之干支，不能沖剋祭主生年人命及坐山山命，不沖太歲，如午年不作子山之造葬，因子午相沖，三煞之方亦忌動土安碑。

若太歲在「子」，則「申、子、辰」合水局，「子」正沖「午」，則「巳、午、未」南方是三煞方，「辰、申」之年亦是一樣。三煞之方，即太歲之三合，其旺方（子、午、卯、酉）之對沖三會方。

「寅、午、戌」之太歲，其三煞方在「亥、子、丑」。

「亥、卯、未」之太歲，其三煞方在「申、酉、戌」。

「巳、酉、丑」之太歲，其三煞方在「寅、卯、辰」。

八十一問－現今看巒頭之人，（巒頭即山川形勢）指楊公（楊筠松）九星為老九星，不為重要，而專言廖公九星，似乎勝於楊公九星，而你（指馬泰青）則專言楊公九星，必然有你親身所見之經驗，才能夠這樣肯定！是嗎？

繼大師意譯

答曰：星何常有九顆，而又何止有九顆呢！由於水形星是屈曲，火形星是尖，木形星是直，金形星是圓，土形星是方，此是五星之正形，楊公（楊筠松）因其形狀難固定於五星內，故取北斗七星之名，再加上「輔、弼」二星成九星，又擔心其變化不定，故在《撼龍經》中詳細說明其兼帶之形。

自楊公以前，原本只有五星而沒有九星，廖公（廖金精）承接楊公之後，因其有變體，所以立九星之名，後再盡變成九九八十一之穴象，是恐怕後人拘泥於九星，所以才立此說，其實總不離五行之正形。晉、郭景純（郭璞）著之《葬書》何曾有這樣的說法呢！今人又勉強為它分開解釋，以楊公九星為看龍之星體，以廖公九星為點穴之星體。

然而楊公在《撼龍經》中不是說：

「貪狼作穴是乳頭。巨門作穴窩中求。武曲作穴乂鉗覓。祿廉梳齒犁鏵頭。文曲穴來坪裏作。高處亦是掌心落。破軍作穴似戈矛。兩傍左右手皆收。定有兩山皆護衛。不然一水過橫流。輔星正穴燕巢仰。若在高山掛燈樣。落在低平是雞巢。縱有圓頭亦凹象。」

此九星在龍身行度時出現多種變化，以此法定出結地穴形，否則，於祖山與父母山之山形類似，是何種星體，即結何樣之穴（星體指山形）。或即以本身山脈之星體定穴，惟窈星之形低平，不在龍身上可見，而在立穴處可見，即是窩鉗中之突，窩鉗中之暈是也。

楊公九星，何嘗不可點穴，既主張用楊公之九星，就不說廖公之九星了，恐怕立論雜亂，聽到之人，容易混淆，由於筆者（馬泰青）曾經說過，凡是巒頭之書（山脈形勢），不過大同小異，尚屬於有憑有據之說，全部皆可以看，至於理氣之書則東牽西就，左轉右旋，使山峰五行之說，失去正確學理，八卦失其秩序，山水無言，其災禍集中於人身上而不察覺，筆者（馬泰青）不厭其煩地申述，無非想喚醒癡聾之人。

繼大師註：廖公即廖金精地師，為楊筠松地師的入室弟子。星是指山峰，又稱星峰、星辰，各有不同的形狀。

作者在原文中有闕，以上《撼龍經》段落重新整理。此段文章錄於武陵出版社四庫全書版本之《撼龍經、疑龍經》一書內之《撼龍經》第六十八至六十九頁。）

「龍身行度」—指行龍山脈行進間的形態。「祖山」指結穴後方發脈源頭之山峰。

「父母山」—是最近結穴之後方來脈山丘或山峰。「㷀星」為土金形相連的山丘。

「窩鉗中之突」－即中間是窩地，中有一凸脈，左右有略高之山脈作鉗，守護吉穴。

「暈」－指龍穴中心的穴處，地下泥土出現如雞蛋黃的顏色，稱為「太極暈」。

「理氣」－即是風水學上之方向及方位的學問。

八十二問－你說（指馬泰青）看地首重形勢，既然得形勢，進一步再求理氣，是理氣寄託於形勢之中，今三合理氣以龍穴之來龍山脈，節節量度，何字落脈，何字過峽，從水口看是何墓庫位，與山脈相合，然後立向消水，亦是得形勢以求理氣，何嘗不是以理氣寄託於形勢，你（馬泰青）獨力辨三合理氣不是真的理氣，何解？

繼大師意譯

（繼大師註：「何字」之「字」指羅盤中二十四山任何一格。「庫」指二十四山地支中之「辰、戌、丑、未」四墓庫地支位，三合家用此定墓穴前方拜台水口的位置，三合派風水家的原理是：

墳碑立「申、子、辰」向，出水口在「辰」墓庫位。
墳碑立「寅、午、戌」向，出水口在「戌」墓庫位。
墳碑立「巳、酉、丑」向，出水口在「丑」墓庫位。
墳碑立「亥、卯、未」向，出水口在「未」墓庫位。

立向後加上水口位，使穴前水口出在煞方，流出煞方之水即「消水」，兩者方位均要互相配合，古人認為煞水出則旺氣入穴。）

答曰：看龍之法，原本只在龍身上看其是何種五行星體，落脈宜柔細生動，不宜粗頑蠢鈍死硬，過峽宜跌斷不宜剛直，開帳宜在穴前環抱，不宜反弓飛斜，起星宜端正，不宜傾斜。

（繼大師註：「星體」— 即山脈行進間山峰五行之變化，山峰尖頂為火，平頂為土，圓頂為金，波浪形為水，峰聳身頂略圓帶少許尖為木。

「過峽」— 是行龍山峰與山峰之間的凹位，為峽位，或是結穴來脈中收窄之處。

「跌斷」— 是行龍山脈突然由高向低跌下，然後繼續前行，是行龍龍脈化氣地方，為剝換變化之現象。

「開帳」— 即行龍山脈出現一座橫闊的大山嶺，是行龍龍脈變化之山形。

「起星」— 即行龍山脈高起之山峰，可以是「金、木、水、火、土」五行中任何一形或綜合形。）

自祖山步起，節節山脈分枝，何山脈為幹，何山脈為枝，何山脈為大幹之傍幹，何山脈為大枝之傍枝。大凡祖山，必高峻粗雄，開一帳則山形一變，跌一峽則土色一變，由高峻而變平和，由粗雄而變清秀，即至成局結穴之時，山脈環抱而水聚，穴星呈現有五行之象，其中有似石非石，似土非土，堅細之好土，或五色兼全，或純是一色之土，與穴外之土色明顯地不同，或生圓暈如太極之形。

繼大師註：「幹」— 是來龍主要山脈，如大樹之幹。

「枝」— 是來龍主幹分支出來的山脈，一般比主幹較小。

「祖山」— 為來龍在群山中比較高出的山峰，是來龍發脈之山。

「開帳」— 即行龍中生出一連串橫闊之山群大嶺。

「峽」— 即山脈與山脈間突然跌下的凹位，又是龍脈經過之處，此過峽處容易受風所吹，必須左右有山脈守護，此為之真過峽。

幹支、祖山、開帳、過峽等風水名詞，都是龍法的一部份，各讀者欲瞭解風水學中之龍法，可參考繼大師著《龍法精義初階》及《龍法精義高階》榮光園有限公司二〇一五年十二月出版。

「穴星」——是穴後之山丘或山峰，它有一定之五行形態，為穴之後靠父母山。

「太極暈」——是真龍結穴處所出現的五色泥土，土質有氣，潤而不濕，乾而不燥，其土色明顯地與四週的泥土不同。

楊公在《疑龍經》中，俱詳細說明，何曾拘泥於某字來龍必與某字向水為三合。筆者（馬泰青）曾四週考察過，全部都是牽強，無一是合法度的。

（繼大師註：「字」指羅盤中二十四山方位。

「三合」即：金——巳、酉、丑。　木——亥、卯、未。

水——申、子、辰。　火——寅、午、戌。

來龍到頭一節的方向，必須要與龍穴墳碑的坐山互相配合，墳碑的向度要與墳前拜台的人工出水口相配，此為「龍、山、向、水」用六十四卦的配卦法，三合家只知用廿四山配龍、山、向、水，而不知六十四卦的妙用。）

即所謂合者，其立向或迎生，或迎旺，或朝御街，或朝墓庫，或以小龍虎為水庫，或以大龍虎為水庫，或以龍虎外不見之口為水口，或以羅城總水口為水口，盡是李代桃僵，全無把握，殊不知入山尋水口，乃於山之水口，見其交鎖緊密，或兩山相夾，侍立如門，或山腳交牙，不使直洩而去，或狹如石柵，將山內衆水束住，只得一個口道而出，或口外之山，有日、月、獅、象、龜、蛇各種之形狀，把水口鎮住，便知其內處必結美地，並不問其水向何方何字出，亦不問其在穴之何方何字出，而指為某庫也。

（繼大師註：「朝御街」— 即東南「巽方」有水來朝，要水法清純，又要合吉運。

「朝墓庫」— 即在羅盤上二十四山方之「辰、戌、丑、未」有水來朝。

「龍虎」— 即穴左右方之守護山脈。

「水庫」— 即穴前出水口之地方。

「羅城出水口」— 即穴前方遠處四週圍繞穴場之山脈，其中最低之處，為穴前明堂大局的出水口，亦有可能在穴上不見出水口。

「山腳交牙」－　即穴下左右山腳互相穿插，當下雨時，水流經該處而成「之」字形而出，穴位得水凝聚，配合大吉向度，則主二房得財。

「石柵」－　即石造之籬笆。）

山之氣，屬陰也，自祖山（發脈之山）起伏擺動而下行。水之氣，屬陽也，自總水口盤旋曲折而上行，同交會於結穴之區域，三叉之水流，抱向穴後，左右山脈，抱向穴前，山水相抱，即是陰陽相見，此謂之「交媾有情」是也。

往前看穴上所見出水之處，一出不再見者，為去水之方。往後看穴上入首之處，為來脈之方，以元空理氣合吉則吉，合凶則凶。筆者（馬泰青）得訣以來，考察時萬無一失，若然用三合派之法，其靈驗證於元空，筆者（馬泰青）怎會願意放棄諸家之學說而專學元空呢！人孰無親，怎敢以無稽之言去誤導別人，而首先自己已經被誤導了！

八十三問—《青囊經》云：「山上龍神不下水。水裏龍神不上山。」註解之人，多以此二句解作「一是看山龍之法，一是看平洋水龍之法。」由於山龍多是有龍而無水，平洋多有水而無龍，這說法是否正確呢？

繼大師意譯

答曰：山龍結地穴前多乾流，乾流何常不是水呢！平洋龍結地後多低坦，無山丘星峰，其脈伏行曲折連綿而來到穴中。其來處何曾不是龍呢！但此兩句所說，是山水之理氣也。由於山有山之運，水有水之運，山之運不可以作為水之運，故云：「不下水。」水之運不可以作為山之運，故云：「不上山。」

若然明白此道理，看山龍之時，亦看其水之運；看水龍之時，亦看其山之運；怎可以將山水解作兩處地方呢！這裏的意思是切勿令山水混淆在其中也。

繼大師註：山水之運，各有不同，山崗龍結穴，最重要的地方就是來脈到頭一節，即龍脈入首的地方；山以旺為旺，故山龍到頭一節的來脈方，配合真穴前方的特朝山峰，兩者配合。在配合上下元運之時，這「龍、向」必須是相同之正神，或是來龍正神，向度收水為零神；若穴前收山，則大局水口必須要在零神位置，這個是決定龍穴元運之秘密口訣。

平洋龍穴與山崗龍穴不同，平洋龍之到頭一節來脈方必須要在衰方，因水以衰為旺，穴前大局多正向水流彎曲中間之處，生氣始能凝聚，後方要靠空，此乃水龍之特徵。

又有一種水龍，四週是山崗地形，但穴結於河道中央，在左或右其中一方與陸地相連，生出星丘，作中流砥柱，前朝逆水，穴結於星丘之上，四正俱備，夾耳齊全，朝山秀麗而綿遠，後方靠空，略遠處有大幛大嶺作為遠靠，為「樂山」。此種山崗平地水龍，甚為罕有，其來龍入首要在衰方，所謂「山上龍神不下水。」正是此理，配合上下元運，始能立向準繩。若然不懂山龍水龍衰旺之原理，立向必定混淆。

註譯者繼大師曾考察賀州陳王祠，正是此等格局的結地，可惜其立向偏差了一點，以致龍向交戰，山水錯配，甚為可惜。

八十四問 — 地理之書，遠自《海角經》、《青烏經》，自唐、宋、元、明，地理偽書甚多，你（指馬泰青）獨跟隨於郭景純、楊筠松及蔣大鴻之書，毋須那樣堅持吧！

繼大師意譯

答曰：《海角經》、《青烏經》二書，為古人託名所著，且極為偽假之書，不必細論其他，只看其措辭，乃周秦時之文章字句，何等古奧，何況《海角經》為皇帝時代九天玄女之語句，怎麼會說是酷似唐代以後之文言呢！《青烏經》是樗里子所著，其人為戰國時秦惠王之弟，周代之王侯，皆是人君也，漢以後則為人臣。

秦朝以前，從來沒有營葬祖先在大地上而成為王侯之人，「宰相」一職，於秦始皇時代始為極貴之官，秦以前，宰為宰，相為相，並非大貴之人。「沙提」者，乃唐朝時代拜相之禮，在周朝之時，怎會有這些東西呢！這不是唐以後之人的偽書嗎！

天下惟有真實之人才不會假人之名，假人名者，怎會有真訣呢！雖然楊公之書流傳日久，亦被三合家塗改，以附會他們的風水學術，幸好蔣公（蔣大鴻）得有古本，暢快地註明，使天下後世之人，再次見楊公之真傳。郭璞在《葬書》所說的，均是形勢，三合家亦無從塗改，倘若將形勢之生死，註作成生旺、墓庫之生死，此乃固執不通，至死而不悟也。

其實看地之法，最難是形勢，自祖山出脈，奔騰踴躍，閃、跌、隱、現、橫、飛、逆、上、側落、回顧，變化轉換不一，愈奇愈真。用盡腳力眼力，始有心領神會之時，原非一朝一夕所能學得，是以古代之《葬書》

，重於說形勢，至於理氣，則口傳心授便立刻可明，至簡至易，故此不輕易顯露於書上，而三合家以《羅經解》為理氣真傳，奉為至寶，轉為視形勢為最末最次，每與三合家一同登山，未曾立定，便先用羅經以談三合之四庫，這樣看來，究竟誰是固執之人呢！

繼大師註：樗音書，樹之一種，味道臭而難聞，因他所住的地方，種滿在路旁上，故名「樗里子」。

「沙堤」是指拜相的禮節。唐、天寶三年，京兆尹（縣官別名）蕭炅先生（炅音炯即明亮之意。）請求在主要路上築上甬道（甬音湧，兩側築牆的通道。）以通車騎，覆沙在道上，稱為「沙堤」。凡拜相時，府縣令人民載沙鋪路，從宰相私邸鋪到子城東街，後成為典故。故「沙堤」是指皇帝任命宰相時之最高禮儀。

八十五問－從來地理書中，說風水巒頭形勢是有的，說諸家理氣亦有，絕對沒有說及三元理氣的，自從蔣大鴻先生出現，始以三元元空學為理氣，世上因為罕見罕聞，所以懷疑及相信的人參雜其中，原非他們自己所意願，你（指馬泰青）何以那麼重重地駁斥及譴責他們呢？況且你說元空之法，至簡至易，何以之前未有所聞？

繼大師意譯

答曰：筆者（馬泰青）不是怪責他們什麼，而是怪責他們甘於受諸家風水學說所愚弄，且轉而附會及標榜，不知元空風水之神奇，竟然大肆詆毀及阻撓人們學習，陷世人於水火之中。若謂無書，《玉鏡經》即是《玉函經》之遺意，此書不是嗎？三元九宮並非是它所說啊！但沒有分別指明何者用之於山，何者用之於水，世俗既不明解使用之法，又不明解使用之效果，書雖保存下來，但都沒有論及。

蔣公（蔣大鴻）得秘傳後，即申明其效驗，其訣雖易，但得知最難，必先瞭解其人後始傳口訣給他，否則奉上千金求之亦不理不睬，在珍惜秘訣之虞，亦是勸喻人們要守誡，使人人以孝悌忠信自勉，則這秘密口訣亦可對人盡說。

為生計者，以風水行業而謀生，不得不固執而誹謗元空，而無見識之士，亦喜歡妄加指責。筆者（馬泰青）昔日初學風水時，看諸家之書，則人們無言，當學習元空風水學時，則群起誹謗譏笑。筆者（馬泰青）對於風水方面無所不學，終久是元空理氣極之靈驗，其諸家書籍之所以誤人，皆是附會及太過標榜所引致也。

繼大師註：學習風水的人，個人的習性及心性不同，曾經見有一職業風水師，想用一年半載的時間去跟隨得真道的三元風水明師學風水，企圖給人修造陰宅風水，收取高昂費用，以賺取快錢為目的。

須知巒頭工夫，非一朝一夕能明白，加上配合三元理氣，就算是上智人，也需要一段頗長時間學習始能明白，如果為了賺快錢而學風水，則如馬氏所說：

「明師必先瞭解其人後始傳口訣給他，否則奉上千金求之，亦不理不睬。

若得到真風水秘訣，亦要勸人守誡，以孝悌忠信為宗旨，以濟世勸善為目的，則這秘密口訣亦可對人而盡說。」

不過在這個現實世界裏，明師難遇難求，孝悌忠信的徒弟亦難得，不要以為沒有因果，古云：「一飲一啄。莫非前定。」這一切都講求緣份。

八十六問 ─ 我們得訣甚秘，立論甚高，些子元機，引而不發，雖說是辨惑，但始終未能去除人們之疑惑，後來讀這本書之人，將沒有懷疑你（馬泰青）只知善辯，而其實未常得到真訣，誰又為你辯護呢？繼大師意譯

答曰：筆者（馬泰青）怎會故意守著秘密呢！乃是守蔣公（蔣大鴻）及李師（筆者馬泰青的師父李振宇）之誡，昔日亦曾為數人說過元空學，他們或淺嚐而不深信，或得魚忘筌（比喻成功後便忘本。）由於這樣，筆者（馬泰青）便三緘其口，必待至誠篤信之君子求之始傳口訣。

今試略舉二人為例，一為同鄉老友，看他心地樸實，便傾心相告他「元運往來消長」及「山水對待流行」之理，他亦不考察其靈驗與否，轉頭便對他人說：「豈有秘訣，乃老生常談。」

有一位親戚，時正值咸豐癸丑年（公元一八五三年）粵賊陷城（指洪秀全在一八五三年定都南京，改名天京，拿下清朝半壁江山。）其人相約筆者（馬泰青）解決其患難，且求真訣，筆者（馬泰青）恐怕真訣失傳，便告訴他「天心正運」及「下掛起星」之要旨，無奈仇家引賊，他學之甚急，不停追問，非以重金收買我的學問不可，筆者（馬泰青）乞請其人給予幫忙，他竟不顧，像這類人，多不勝數，你說筆者（馬泰青）守口如瓶，其實這樣處理不是很適當嗎？

筆者（馬泰青）亦常憐憫別人之疾厄困窮，為他擇地卜葬雙親，他的疾病即痊癒，窮困亦解決，他自己慶幸衰運已過，好運方來，竟然忘記曾俯首乞憐於誰人？

近代人心不古，在家不講孝悌，出外不立品節，想僥倖得到陰宅吉地，而滿足其無窮之貪慾，所以誓不濫傳，這眾多說法，能夠和我的一致嗎？

繼大師註：註譯者繼大師亦曾與馬泰青先生的遭遇相似，卅年前（今二〇二〇年），見一佛教同門劉老師兄對風水非常有興趣，當時他五十二歲遭解僱而退休，父親是三合風水師，筆者一時憐憫他，於是相約帶他行山看地，在沒有拜師之下，免費教他風水及三元卦理，又給他父母親免費點穴造葬。

未幾，他隨即在一風水雜誌上公開了六十四卦黃白二氣的使用秘密，又以風水為職業，開班授徒，胡亂給人造葬，害死了不少人，後 呂師問起寫這風水雜誌文章的人有我們這一家的學理，我隨即承認是我教他的，並向呂師懺悔認錯，呂師見我沒有收他學費，責備過之後就原諒了繼大師，但後來惹起各同門的不滿及指責。

因有一職業風水師被此ＫＣ劉踢出師門，於是此職業風水師求救於我，我為他解圍，並寫下文章道出我教亞劉的真相。未幾此職業風水師要求我收他為徒，使他在風水職業上發展順利；但此人好名好利，我教他風水巒頭及正五行擇日法，並勸導他要守職業風水師的操守，他非但不聽我勸告，他並謂自己是帶藝入門，說我借他名氣求出名，一怒之下離開了我。（現今兩位仁兄已離世，一場夢吧！）

某明師曾經給徒弟卜造陰陽二宅風水，包括點地、辦公室、祖先父母及徒弟夫婦兩人的生基位，所有供養金全部以他們的名義做慈善事業，但他們發達後，設計陷害明師，把他一腳踢開，世上忘恩負義的人太多了。馬泰青地師道出了我的心聲，真道難遇，忠信孝悌的人很少，良可嘆也。

八十七問－偶然見人請地師卜地，每每尋得吉穴，倘若又另請一地師到來，則又指為非吉地，再請另一地師來，更有一番批評駁斥，雖然三合與三合不同，元空與元空有異，豈非眼力之不同嗎？抑或用法有異呢？

繼大師意譯

答曰：形勢之美，明顯而易見，自然是千人一律，無可異同，惟在做作之方法上，元空派著重於乘運乘時，三合派不過不明白於時運。至於勘察形勢則一樣，而近世俗師之批駁，原本不在乎形勢上之優劣，是在乎人們眼力之低小，用以誇大其本領，使主人翁捨此地師而另謀其他地師，於是便得功勞而索取謝金。

此皆各為門戶起見，因此三合譭謗三合亦有，元空譭謗元空亦有，入主出奴，紛紛聚訟，皆屬於市儈之心，術士最惡之習性，無主見之人無不受其愚弄，亦與其家中各人之陰騭命運有關，冥冥之中，便做成這樣子。

繼大師註：雖然時代不同，但現今社會亦有很多這類人出現，總以風水職業賺錢為主，自讚毀他，金錢至上，客人全靠運氣。早年前，有風水師給客人造壞了風水，使客人傾家蕩產，被客人尋仇報復，放火燒他的辦公室，在法庭上，客人痛哭地說：「我信錯了人。」但已後悔莫及了，終於惹下官非而犯上牢獄之災，良可嘆也。

八十八問 — 許多屍體合葬的地方，墳塚相連不過咫尺之間，眾墳後代不發，竟有一墳獨發，這即是《青囊序》所云：「請驗一家舊日墳。十墳埋下九墳貧。惟有一墳能發福。去水來山盡合情。」其「合情」當是如何的呢？

繼大師意譯

答曰：並非單指山水之形勢合情，乃是山水合得元運之情，不然在咫尺之間，何分優點缺點呢！由於山龍結穴地域範圍較細少，尚且有得穴失穴之說，若在平陽地上，其穴形闊大，一處地方葬有數穴，怎會有分別呢！

其不發之墳，必定得不到生旺元運之時而葬；其發之墳，必是正當元運之時所葬。合情者，即合得天心造化工，明得天心正運（當元旺運），則於卜葬之事，有何難呢！

繼大師註：這句《青囊序》的名言，（見《地理辨正疏》武陵出版社出版，曾求己著《青囊序》，蔣大鴻編撰，張心言疏，第一二三頁。）**註譯者隨　呂師學習其間，恩師解釋這句說話非常清楚，茲述如下：**

如有人在上元四運尾點穴造葬吉地，立得生旺向度，於是發了達，眾人見此墳之後人興旺，於是相繼在附近造葬，立同樣之向度，但元運已由上元轉成下元，故造葬時為煞向，雖然是同山同向同流水，但新墳造葬後凶禍立見。

「合得天心」者即造葬時得元空大卦的時運，正是巒頭要配合理氣，非明師不能為也。

八十九問－每與你（馬泰青）一同登山覆驗舊墳，即知其吉凶，雖然年代有遠有近，房份公位與其後代所發生之事，有如目擊一樣，你是用何術？術又出於何書呢？

繼大師意譯

答曰：豈會另有術及另有書呢！皆是以龍穴坐向的元運得失而定之，在各方公位砂水之上（山脈水流），即能知其遠年近代之事，在何公位，即屬何房，吉則吉，凶則凶，至於凶吉之程度如何，八卦之中，各有所主，《周易繫辭》說之最詳細，俗術「洪範、三合、納甲、翻卦」之周易，極之可醜；假若元空學真無一處是離開周易的話，而說它是術，則輕視元空學矣。

繼大師註：風水這門學問，最難就是斷人家祖墳後代子孫之吉凶，巒頭及理氣均要精通，而且還要得真口訣，始能斷得準確，馬氏化了廿多年時間，努力不懈，精益求精，斷事始能盡善盡美，世上難得一見之明師。

九十問－嘗見北部省份地師到南部省份看龍點穴，高低失宜。南省地師到北省看平陽地而定穴，總覺茫然而無憑據，雖是素稱好手之人，到此亦失其所長，其病在何處呢？

繼大師意譯

答曰：筆者（馬泰青）之前已說過，地有六樣看法，而理氣之作用，總是一法，其分有六樣者，是形勢之不同，他們南北之地師，若真的是好手而犯此毛病，是因為欠缺閱歷各類墳穴之過失。病在於不熟識風土人情。倘若於初到其地之時，先將地氣之厚薄，土脈之深淺，覆驗確實，已葬之老墳與理氣絲毫不爽，然後為人勘察及造葬，怎會有錯誤之理呢！

筆者（馬泰青）生於陝西省，定居於安徽省。曾遊歷於河北省、山東省、河南省，經維陽（江蘇揚州），抵姑蘇（江蘇吳縣西南），有幸親見這六樣山川形勢，所以很有耐性地告訴人們，地理之道，首重形勢，即此六種形勢，次重理氣，這六樣形勢，俱不能離開此理氣。

繼大師註：六樣形勢曾在第四十問內有說及，即是：

南方之「高山、大壠、平崗」，北方之「平原、平陽、水鄉」。

九十一問－凡談元空之人，無不以翻卦為主，今讀你（馬泰青）之書，從無一字說及翻卦，經中不是說：「翻天倒地對不同。其中秘密在元空。」又說：「顛顛倒。二十四山有珠寶。順逆行。二十四山有火坑。」是否秘訣已在，故此秘而不宣呢？

繼大師意譯

答曰：「顛顛倒。順逆行。有珠寶。有火坑。」皆是指由山水去審辨理氣而言，山有山之運，水有水之運，以二者之運互相比較，有些似乎顛倒，而其實並非顛倒，使山水各得其運，則完美有如珠寶。由於山之運順行，水之運逆行，這「順」是自然之順，而「逆」也是自然的逆，並非是偽造挨星圖之左旋右旋的順逆，倘若不明白順逆，則用之皆是火坑。

水之運，天也；山之運，地也。以山、水二者之相對，差別大大不同，故說：「翻天倒地對不同。」並非獨是一山一水對不同，即此元運與他元運相對亦同樣不同。

知得其中秘密，即知理氣矣，何須翻卦，世上羨慕元空之人，最喜歡在挨星翻卦上着想，枉費心機，故此盲目解說者，日漸多也。

繼大師註：「珠寶線」即是立得當元向度之運。「火坑線」即是立得失元向度之運。大凡穴內碑墳向度，決定於穴前的山水形勢，水是陽，主動；山是陰，主靜；是以巒頭配合理氣。這段內容有錯漏之處，應該是：「山之運逆行。水之運順行。」始為正確，懷疑抄寫時有誤。

「翻卦」是八宅派卦理的變法，如「乾卦」宅命，由上爻起變，「乾卦」變上爻為「兌卦」，再變中爻為「震卦」，再變初爻為「坤卦」，再變中爻為「坎卦」，再變上爻為「巽卦」，再變中爻為「艮卦」，再變初爻為「離卦」，最後變中爻變回「乾卦」。

「翻天倒地對不同。其中秘密在元空。」在六十四卦中的口訣，就是「綜卦」及「覆卦」之原理，顧名思義「翻天倒地」就是卦象倒轉來看，及上下卦對調。

三元元空學之立向，是決定於穴前之審氣，審氣工夫是最難的學問，廿四山即六十四卦，山山可以為「火坑線」，亦山山可以為「珠寶線」，山水各得其運，必須得明師真傳，方能為之。

九十二問－北方土厚水深，在下葬時，不用建起泥牆，不用灰炭。南方地低水淺，葬時堅築石灰，以隔水蟻，加以炭之粉末，以隔樹根，甚至以朱紫陽砌以磚槨，（磚槨即套在棺材外面的大棺材。）豈不是與「死欲速朽」（指屍骸化骨）之說法有所違悖嗎？

繼大師意譯

答曰：「毋使土親膚」，亦是聖人所說，但是筆者（馬泰青）在南北亦曾為人遷移舊墓，北方之葬法，因土厚原故，穴之深度，或至十多尺，縱然淺，亦必有六、七尺深。又北方地方少雨，葬後堆土之時，只用數人踐踏，不崇朝而葬事完畢了。（註）其土有枯燥之土及潮濕之土，皆是無龍無穴之地，至崛起之時，其枯燥土中之棺木，雖沒有水浸，亦乾朽如灰。其潮濕土中之棺木，必敗毀如泥，但無白蟻。

南方之葬法，因土薄原故，穴之深度，僅只五、六尺，甚至結盤培土而成墳，倘若遇上風吹水刼之地，其潮濕固不用說，而白蟻先行侵食。

至於龍真穴的之地，其土質油潤，見風即乾，其棺木與骨殖，如初葬時一樣，仍有溫暖之氣，甚至氣出如蒸氣，對面不相見。

南北之美穴，皆是如此，但南方多雨澤霧露，多用石灰築以堅牆，免令水氣滲入，又南方土質鬆，多有樹木之根，用細小的炭粒相隔，則樹根遇上炭粒即停止向前生長，此皆目擊之事。然而富人俱喜歡蓄樹以蔭墳。惟松柏樹之根伸得不遠，亦必須在廿尺以外，防止在百餘年後樹根纏着棺木內的骨骸。最不適宜者，就是種植烏柏樹、夜合樹、楓樹與栗樹等，其根能串行滿山，雖離墳穴數十丈外，亦不可種。

邑市南面的城門，（繼大師註：馬泰青生於陜西省，定居於安徽省，此處應該指清代安徽省南面城門。）有古墳數塚，地在大河邊，皆二三百年，是平洋葬法，道光年間（公元一八二一——一八五〇年）市邑大水，河水侵蝕墳墓，石灰階現出，有好做善事者，將金內骨殖遷徙，在鑿石灰時，其堅硬如石，棺木外並無一些潮氣，此乃棺底用石灰堅築與上下四旁連合為一，看來像石槨，（石槨即棺材外面的套棺。）棺仍如新的。

今人葬山，其棺頭入土尚深，其棺足入土最淺，蟲蟻樹根，往往由棺足而進入（棺之尾部）。現今之葬法，亦宜於棺底先堅築石灰一層，然後納棺於上，與四圍及頂，全部堅築石灰，相連一起，蟲蟻樹根，亦無空隙可入。

繼大師註：此句「不崇朝而事畢矣。」按上文下理，這「朝」應是指「朝祖」，古時喪禮，於出葬前一日，必奉「魂帛」。古代喪禮，用白絹摺為長條，交互穿貫，形如同心結式，像人形，左書死者生年、月、日、時，右書死者死亡之年、月、日、時，死時始設之，葬後立主位，埋於墓側，此為之魂帛。以此朝拜祖廟，謂之「朝祖」，象生前遠出必辭行尊長之意。古時本須家人奉柩朝祖，後因家廟狹窄，難於遷轉，因而改「魂帛」代替靈柩。

九十三問——「龍分兩片陰陽取。水對三叉細認踪。」是如何分取，如何對認的？

繼大師意譯

答曰：兩片者，即一陰一陽、雌雄、夫婦、賓主之象。三叉者，即合襟水及元辰水，雙水流至穴前交匯謂之「合襟水」。零正、動靜、順逆之處也。

一說山，分出山之運，一說水，確認水之運。所謂「地畫八卦誰能會。山與水相對。」是也，《青囊序》八十餘句，絕無一字是多餘的，總括所說，元空因形勢而定出理氣向度，能夠知道墳穴後人剋應之往事，觀察他們未來所發生之事甚為微妙，能觀察人的成敗，其吉凶瞭如指掌，神而明之，不僅元珠在握，實在胸有成竹。

繼大師註：穴之左右有砂脈守護，砂脈與穴脈之間有凹坑，稱為界水；下雨時，雨水由穴後方經穴之左右流出穴前中間位置出水，後方來水為

「元辰水」。穴前左右兩脈相交，雨水從左右兩脈內側界位凹處相交，並在穴前流出，為「合襟水」，又名「三叉水」。出自曾求已著《青囊序》：「龍分兩片陰陽取，水對三叉細認蹤。」（見《地理辨正疏》〈卷之二〉武陵出版社出版，第九十九至一百頁。

九十四問－北方地平水遠，隨處皆可葬墳。風俗純樸誠懇，人死後即葬，其浮厝者甚少。南方地狹人口稠密，水陸相半，擇地之人，不得不在山崗求地，賣地者少見，買地者猶豫，術士又從中煽動誘惑，則篤信風水之人，正如先前所說，先找停放棺木待葬之處，而後始說落葬，間中有停棺等待落葬之處，有吉亦有凶，「厝」之吉凶，與墳穴之吉凶，兩者是否相同？

繼大師意譯

答曰：墳之最重要者，是龍、穴、砂、水，棺木停放待葬地方最重要之處是局勢、向、水，不必有龍穴，只須朝向、水法等合運，俱是一樣發跡，只要葬下，則骨安而親人安寧，與天地共久。

若是葬在厝，並不是永久之地方，亡者魂魄未安，兼有水火盜賊之虞，這是有凶險的，固此宜速找永久地方安葬，縱然是吉，怎可以因為自己之僥倖心理而忍心令親骨久停，不孝之罪，莫比此大。人民無知，固然屬於可笑，而有學識及有職權之人，重蹈其覆轍，更比人民為甚，怎會說風水能迷惑人呢！是人們自己迷惑也。

繼大師註：厝音措，臨時停放棺木待葬之處，等於在香港地方，骨骸火化後，骨灰寄放於棺材店內，等待買得骨灰龕位後，始遷移安放。

九十五問－山龍於護砂之上有空缺處謂之「凹風」，平陽龍穴後無護托，左右無護砂，四面皆風，乃穴不畏四面之風，獨是畏一凹之風，卻是甚麼道理呢？

繼大師意譯

繼大師註：「護砂」即左右護穴之山脈。山崗龍穴，山峰與山峰之間的凹位，名曰「坳峰」，風從坳峰而過，謂之「坳風」或「凹風」。穴之後方若見有坳風，為坳風吹頂及掃腦，主出人短壽或頭部有問題，或後代生白癡兒。若有坳風出現在左方則尅應長房有凶險，出現在右方則尅應三房有凶險。

答曰：筆者（馬泰青）亦曾於起墳時見過，凹風在左，風必吹往棺中骨之右邊；凹風在右，風必吹往棺中骨之左邊；凹風在後者，必吹至胸膛，其次或吹至足下，或將骨骸吹毀，人手如粉，或骸骨不全。像這樣的事，屢次見之，實真有其事。筆者（馬泰青）揣摩其理，由於凹風吹穴，如人撮口吹物，其氣最專，若平陽之風，遍地而來，寬闊一片，不專注集中地吹穴，故無所畏忌，亦不主掌吉凶，倘若數十步內外，有村市家宅廟宇，其屋左右之風射穴，亦如凹風一樣，主掌人之吉凶禍福。

平陽地無砂脈及山峰，其村市家宅廟宇，即作星峰論，若在旺運，應當高而高之處，主有吉無凶，相反者，則有凶無吉，即先前所說陰陽動靜之義是也。

繼大師註：凹風對穴之破壞程度，要視乎凹位之高低，凹風從凹位後方吹來，謂之「凹風掃腦」，高則吹頭，中則吹胸，低則吹足。可參考繼大師著《砂法精義一》榮光園出版二〇一九年四月初版，第七章〈羅城及凹峰詳解〉第五十七頁。

註譯者繼大師在考察香港元朗錦田水尾村對面「荷葉伏龜穴」附近之一穴名「鐵爐墳」時，發現此穴正是「凹風掃腦」。

若凹風從左方青龍處吹穴，而右方白虎近處有脈護穴，則凹風吹至穴之白虎方護脈，風被砂脈反彈而吹回穴之右方，故馬泰青地師說：

「凹風在左 — 棺中之骨必吹往右邊。

凹風在右 — 棺中之骨必吹往左邊。」

若穴之左右方均有凹風，則骨骸全黑。

這正如秦、樗里子著《風水口義》《珍藏古本堪輿秘笈奇書》士林出版社第六八九頁。云：

「龍山凹風來長。為虎山障迴。吹棺翻左。主退長（長房）。若虎山低小可免。虎山凹風彷此。」

鄉村房屋，左或右有凹風吹來，其左或右方必有山坳凹位，為風所路經之處，故山坳之凹位，把風力集中一處吹來，故力猛而破壞力強。

至於城市之內，高樓大廈，大廈與大廈之間的距離窄少，形成了一度狹窄而高長的空間，風從狹窄的空隙中穿過，使風力集中而帶殺傷力，現代人稱「天斬煞」，其實古代稱之爲「箭風」。

在平洋之地勢上，亂風遍地而來，風力並不專一，但平洋地上有流動的水流，因水流之流動，帶動了水流上空的空氣流動，形成風的動向。據註譯者繼大師研究得知，平地上的亂風，一遇上水流上空的風，即跟隨它的方向一起流動，故靠近平地水流的地方，不會遭到亂風所吹，故說：「平洋地以水為靠」，正是此理，這是古書《風水口義》內的精華口訣。

九十六問－山、隴（隴音壟即田埂、丘壟）、山崗、平原、平陽、平洋六樣龍穴，其穴中之土色是否相同呢？

繼大師意譯

答曰：凡山隴（田埂、丘壟）平崗，自祖山落脈，或龍身帶石，或本山帶石，則穴中必有似石非石，似土非土之土，在穴中搓之如粉，見風及日光，即堅硬如石，極佳者，成太極暈。（註一）

至於平原、平陽，穴中多是淡黃色之細土，或紅、黃、青、紫各種顏色，極佳者，亦有太極暈。若平洋地，雖在萬頃水田之中，池塘港汊之側（註二），其結穴處，若是龍真穴的，其土色乾而不燥，潤亦不濕，捻之如麵，不夾雜砂石及污泥者，即是好土，亦有太極暈出現。

倘若夾砂石而又潮濕，此乃無氣之穴，如局勢合宜，向水純淨，只可為厝（註三），不可為墳也。若結盤安棺，培土作墳，名雖為葬，仍與停放棺木待葬之處相等。

繼大師註一：太極暈之泥土如雞蛋黃的顏色，為地氣集中地之證明。
註二：汊音叉，分支的小河。
註三：厝音措，臨時停放棺木待葬之地方。

九十七問——《天玉經》〈內傳中〉云：「惟有挨星為最貴。洩漏天機秘。」又：「時師不識挨星學。只作天心摸。」何以挨星竟到如此重要的地步？

繼大師意譯

答曰：讀書者，亦不必如此拘泥，這不過讚元空挨星之好處而已，大地總以形勢為體，理氣為體中之用，挨星乃用中之用，又其次也。其「不識挨星學。只作天心摸。」說此法之人，強調天心是天心，挨星自是挨星。挨星不離天心，而不僅只是天心也。

筆者（馬泰青）先前所說：「文昌魁星會合，能發科甲，亦能擇吉修方，催人富貴。」這必須形勢佳而合於理氣，再加以挨星，方為全美，若形勢理氣俱不是，縱然仗挨星之力而取一時功效，但亦難久遠，章仲山地師雖得蔣公（蔣大鴻）之傳，好用挨星，正犯此弊病也。

九十八問——依法而葬，自然應富貴，但有大小及長短之分別，當如何決定呢？

繼大師意譯

答曰：行龍有星峰降下，有帳蓋，有護從，有垣局，合得元運而葬之，即主大貴。若行龍單薄而弱，左右護脈少，帳蓋不全，護從無多，垣局狹小，地雖貴而不大也。其大富之地，或收大江大湖之朝水，不拘水之遠近，但有一口吸盡之勢，或大河撲面入懷，或大塘滙聚明堂，雖旱天亦不乾涸，皆主速發大富。

若水路細小，或是乾流，皆主小富，雖發跡亦緩慢，尚看其人之根基才能如何，若先天根基隆厚，俱備才能而精明者，地雖小而發亦大；先天根基卑薄淺低而才智平庸者，地雖大而發亦微；至於時間之長久，則看元運之興衰可以知之。近世地師，為人卜葬穴地，即應許能蔭生狀元及翰林學士，並不問山水如何，此皆是奉承之說話也。

（原文為「諛墓之辭」，「諛」即阿諛奉承，為人作墓誌而稱譽不實為「諛墓」。）

繼大師註：「星峰降下」－即山脈出現端正而具五行正形之山峰，由高而下，生出父母星辰而結穴。

「帳蓋」－即山脈相連而橫闊，為山嶺，是行龍結穴之來龍龍身。

「護從」－即與行龍主脈同行之兩旁守護山脈。

「垣局」－是穴前中間廣大的平地，四周有群山環繞，成一堂局。

「行龍單薄」－即行龍山勢護脈少，甚至沒有護脈。

「撲面入懷」－即穴前大河入於穴前明堂中央，明堂左右有砂脈環抱，如在懷抱之中，或在穴之前方有大河來朝，但必須要配合水法始能發達。

九十九問－三合之黃泉八煞，不得謂之煞，本人既接受你的教導，但請問元空之煞如何？

繼大師意譯

答曰：元空之煞無一定，山得運之處宜有山，不宜有水，水得運之處宜有水，不宜有山；不宜有的而有，即是煞，再逢太歲沖合到方之年，凶禍立見（繼大師註：請參閱第四十一問及其註解。）。

筆者（馬泰青）有從姪（兄弟之子）因戰爭（繼大師註：一八五一年至一八六四年，時值太平天國洪秀全作亂。），將其父親用磚砌槨（繼大師註：「槨」又作椁，音國，棺材外面的套棺，稱「棺椁」。）停放棺木於山中近十年。筆者（馬泰青）見他尚屬平穩，後延聘徐姓地師，自言是祖傳元空風水，並說有煞氣關在棺槨中，便急忙打開棺槨把棺木抬出，後未滿百日，有男丁因出天花而死，又數月後誕下一嬰孩，七日而夭折；棺木在棺椁內十年而無凶事，乃移出棺槨外不到半年而這樣，是誰的過失呢！

這理氣之煞，原在山水上可見，而形勢之煞，如山之凶惡巖巉，溝水直沖或作反弓，放眼看去皆能辨認，選擇日時之神煞，事後旋即忘卻，從未聽聞有關煞在棺槨之中。有此等人造作妖言，誤人性命，雖法網可逃，亦難免遭冥府陰司所譴責及處罰。

說祖傳之人，必其祖先實係名師，始可謂有真傳授，若是普通江湖術士以此為職業之兒孫，縱然是祖傳，怎能足以深信呢！如在鄉村學校執教之教師及學生子弟們，亦可稱之為世代通儒嗎！

一百問－元空家動不動就說：「恐洩露天機。干犯造物之忌。」未見干犯者究竟如何遭受譴責？

繼大師意譯

答曰：有的，而人們不知道而已，筆者（馬泰青）姑且舉數人為例以證明。在明末時，筆者（馬泰青）家鄉有史仲宏先生之人，是相術國手，其史傳記載在市邑誌之中，邑市中之名墳名宅，大半出於他手；他自留一吉穴於自居陽宅之後山中，為方便確認吉穴地點，便種植一株松樹為記認。

他臨終前附囑兒子把他葬於後山松樹之下，他死後，其子將其靈柩棺木抬至後山時，發覺先前所種之松樹已變成一個松林，因松樹生松子，松子又成松樹，故不知墳穴位置在何處。

其子當晚夢到亡父，說他生前擅自為人造葬風水靈穴達四十餘處，現已受冥間陰司所罰，現不可葬於後山靈穴，將葬別處。筆者（馬泰青）曾登臨此穴之山墳作考證，穴雖尚存在，但已被挖樹取土，樹已被斬，雨水沖塌，不能使用。

又在道光初年（公元一八二一年辛巳年）筆者（馬泰青）之同鄉有父子兄弟，一直當庫史之職，素來沒有善行，聽聞有湖北省屈姓地師到來，同鄉父子均對屈地師厚禮相待，招呼周到，屈地師素不知其為人，但覺其招待熱誠有禮，對其極之尊重，於是承諾為他們尋覓大地吉穴。

屈地師乃三元元空高手，住了數年後，果然在棕陽尋得吉穴，於是擇日破土營葬其祖先，於開穴時，穴之土色甚佳，但轉瞬間化為一泓清水。屈地師剛剛正在吃牛肉乾，聞之大驚，即時被肉乾哽塞喉道而致生病數月，且十分嚴重，同鄉父子勸他回鄉養病。

屈地師有感父子二人之誠懇，必須點一吉穴以示報答，於是帶病入山。在五嶺河附近尋得一吉穴，並預言會出一文人，且能至鄉榜，同鄉父子大喜，屈地師說：「此地大不如先前之穴地，就作為補償過失吧！真是命也，不可求強。」

在葬墳之日，屈地師在墳旁大笑，突然嘔吐出一血塊，當弄破它時，即是以前所吃之牛肉乾塊也。於是其病即愈。不久同鄉父子之姪，竟考中北闈鄉榜，但現已敗絕，僅存人丁一二，且流落而無家可歸。此二則之史、屈地師，不是遭到天譴嗎！

筆者（馬泰青）現於問答之中，示以風水學理，而蔣公（蔣大鴻）心法，隱然宣洩無遺，實在是憐憫孝子慈孫，他們呼天搶地而沒有人告訴他們風水吉穴之理，有此苦衷，故不能不說，上蒼及先師們可以此作為對筆者（馬泰青）之監察。

辨惑百條說明——馬泰青

繼大師意譯

以上〈辨惑百條〉既已抄錄，不禁微微自笑曰：「世間制造偽術之人，是惑亂，信偽術之人，亦被惑亂。」筆者（馬泰青）復憂慮人們之惑亂，更是孜孜不倦地講說，是特別為人而辨惑，但亦惑亂也。

古往今來，惟有以忠孝賢良、道德仁義去恩澤當時之人而名垂後世，是人人最當務之急，點取吉穴大地以安妥親祖先靈，以此去幫助忠孝賢良及道德仁義之人則可，若以風水而求富貴利達，趨炎附勢，荼毒生靈，則風水一道，實為天下之罪人。

奉勸士人君子，時刻撫摹方寸，令自己坦白無愧，可對天地鬼神，先在這樣的心態之下，自可求得真龍穴的之地也。

灑灑落落布衣贅筆（馬泰青）

〈地理十不葬〉馬泰青錄

繼大師意譯

元空風水之術，學習至精明之時，不可輕易為人卜葬，由於做法不當而妄自給人點地，是妄洩天機，轉而折去自己本身之福祿，先師有十不葬之說，不可不知。

（一）素不孝悌者不葬 — 其人天良久喪，為何在生前未有培養天良，而死後又那樣慎重呢！所謂欲得風水佳城以安葬祖先親戚眷屬，其實是欲謀求風水吉地以保佑自身利益。與這種人言談風水地理，首先他已不知天理矣。

（二）積世怙惡者不葬－居住家鄉而仗勢力作惡，不思悔改，所損陰騭不知多少，其人不絕滅已屬萬幸，何況敢逆天而行，能給他吉地嗎？

（三）身為不善者不葬－世上如土豪訟棍惡霸，以行惡而致富，亦想圖謀風水吉穴為永遠之計，此乃人面獸心之流，倘若給他們點取吉穴，則何以令世人知道天公處罰惡人而使他們有所警惕呢？

（四）心術不測者不葬－官吏世族，根基不是不深厚，至於存心或貪心、輕率、酗酒、淫亂、或陰險刻毒，外貌雖善於掩飾，內心實為富不仁，這心地已壞，陰地何能可得呢！

（五）出身下賤者不葬－或為人奴僕，或為隸卒，或為妓女，這些人擁有眾多物業金錢，用重金相邀，試想其財富是從何而來的呢！只有白白污染我的聲名，假若令他們得到吉地，則良賤又如何分別呢！

（六）古墳舊墓者不葬－常有無知的人，偷偷窺看無主古墳或人家舊墓之旁，妄圖佔有，以為尚有多餘之穴地，因此破墳毀墓而葬，像此傷天害理之事，決不能為也。

（七）私用公山者不葬－人有誤信庸師之言，欲想私自加葬祖墳於已葬之老墳側旁，不單只不依從陽間公墓的規則法律，而且驚動地下之人，於心何忍。

（八）來歷不明者不葬－非常愛好風水之人，遇上別人有不賣之山地，他則從多方面去謀幹，串通別人以求收買成交，往往發生興訟而弄出人命，像此等事情，謝絕不往，並勸令他們切勿為之。

（九）信任不專者不葬－三元元空風水學家看地，在選擇穴地時，與諸家之用法明顯不同，其立向消水（造人工水口於墳前拜台邊），亦有很大的分別，若福主（聘用地師之人）朝信此，而暮信彼，必有矛盾之處，不可往也，這即是主家信任不專。

（十）接待無禮者不葬－今人（指清、同治年間之人）送兒子入學校跟從老師讀書，尚且知道穿衣服之禮儀，帶備學費禮物以示尊敬，且足恭盡禮，而猶覺得又愁又怕；並說，若不如此，恐怕老師不盡心盡力教導他的兒子。獨是於求地師卜葬親人時，或在街道處相邀，或邂逅相約，或短短說以幾句投機的說話，即當面請求為他點地卜葬，簡直是市儈的對待。

推測其原故，皆因無業遊民，毫無學術之徒，望門求售，而相習成風，故此富豪之家竟忘記他們「教子」與「葬親」之事，誰為輕重。我風水之道，每於德行不足之人，且尚不輕易施以技術，更何況德行與禮貌俱無之人，縱然以千金為餌，亦難往也。

地理之學，盡管是人力勝天之事，故此富貴人家不思積德行仁，而專門務求尋找吉穴大地，十人有九個是這樣的。如此則青囊萬卷，只為造惡之橋樑，幸有古師有誡律流傳下來，簡直與賞善罰惡的神祇之權力同歸一轍，希望已經得聞風水真道之人，尊敬遵守而小心使用之。

達菴馬清鷚記（馬泰青）

〈試驗地師說〉 — 馬泰青　　繼大師意譯

生存在這世界上之人，無時無刻地能夠活於仁義道德之中，沒有疾痛苦惱，這因為有祖先先靈安妥在陰宅上，又有陽宅以庇護其身體，這陰陽二宅，極宜講求，若陽宅不吉祥，人之遷移尚且容易，若陰宅不吉利，則棺木之搬遷起動甚難也。

在未定陰陽二宅地點之前，選擇地師為第一重要，擇師之難，情弊萬端。筆者（馬泰青）著《三元地理辨惑》百條，普告天下為人子女勿為所惑，而俗師惑人在後，其介紹人惑人在先，由於地師有親戚朋友，繼而代他宣傳，亦是情勢所使，是必然的事。又有受了地師一茶一飯之恩惠，所以允許代為吹噓，或有相約協議，暗中分收地師聘金。

更有人曾經聘請地師而不曾以重金禮謝，因此特別廣為推舉以作報答；或自己欲想謀取吉穴，先把地師推薦給富豪，使地師感激他的推介，於是為他點地作為報酬。此為人情所迫，為利而迷，不問地師是否有真本領，不管人家之利害，胡亂讚揚，令人不得不入他的圈套中，以受他愚弄，這皆因推薦地師給福主之過。

至於俗師之所以售賣偽術，或略識文字，視風水玄學為謀生之捷徑，因私人或私立學校或補習班結束而失業，轉入風水行業用羅經以謀生。回顧地理之書，汗牛充棟，孤陋寡聞之士，既不知那種風水學問是真傳，縱然有高明之士，亦不能攀及，只揀坊間一般之風水書，如《地理原真》、《山洋指迷》等書，易於通曉。

有能熟讀《雪心賦》、《羅經解》之人，即以此為通神之技倆；在試驗地師時，每每聘請地師一同登山，行經路傍之墳墓或暫時擺放棺木的地方，即向他們詢問那墳墓是何年、何代、何房及如何興盛衰敗，地師不可以馬馬虎虎地說吉，籠統地說凶，一定要說出如何吉，如何凶，如此，則俗師之偽術立見窮盡。

有一種偽術名「覆墳斷訣」，能夠在墳頭上拔起一草，即知墳內是老人，是少年，是男，是女等，是如何死的。又有一種偽術名「金口訣占斷」，能知墳內之土色，即知道有沒有水、蟻、樹根，已發或已敗等，此皆是小數也，這最易迷惑人。其實這與真穴假穴，毫無干涉，須知如此等人，亦不多見。

若真是知元空風水者，登穴四周環顧，勘察龍砂向水何處得運，當何年何房主富貴，何處失運，當何年何房主貧病夭絕，甚至得科甲者有幾人，能斷在何時，不特以勘察本來的龍砂向水即知，即使沒有龍砂向水，造葬之後即可知預期之應驗，這才見得元空之真實功夫也。現今以後，選擇地師者，切勿聽虛譽虛名，只考證真憑實據，則魑魅魍魎，自然無所遁形。

有此一篇文，可以作為「秦宮照膽鏡」，不特俗師之心事原形畢現，即其同類等人之心事亦無不畢顯現。閱讀此卷《三元地理辨惑》後，若仍然如此惑亂的話，真是天下無眼睛之人也。

達菴筆記（馬泰青）

跋－笠亭氏龍炳

繼大師意譯

我（笠亭氏龍炳）年少時，涉獵地理各種書籍，見其立論紛紜，甚至有自相矛盾之處，我（笠亭氏）甚是疑惑；後隨即與同鄉羅南皋先生會晤，羅先生謂三元元空出自周易，仍根據儒家學說，於是相信其說法，留心訪求。

而世俗則多尊崇三合，後至北京，認識到馬泰青君，其為人語妙神情，有拔俗超塵之氣概；起初未能全部窺見其個人之內涵，今經過廿多年，我（笠亭氏）偶然有其他事情來北京，再會晤馬泰青君，得他給予自著之《三元地理辨惑》書一部，受讀之下，引申出一些頭緒，內容大意以形勢為體，理氣為用。

所謂「體用」，即陰陽動靜之地方。元運往來之憑據，山水相見之真機，在洞悉體用後，則衰旺生死，瞭如指掌，以此來決定人家墳宅，其吉凶禍福，自然無不應驗，尋龍點穴，立向消水，自無不利。

（繼大師註：「立向」即定出墳穴及墓碑的向度，「消水」即定出墳前拜台之人工出水口的位置；水出煞位，則旺氣入穴，「消水」即是把煞水消掉，旺氣入，則丁財兩旺。）

所有問答一百條，獨具卓見，由於三合風水之扦葬，著重於局，只分局中之吉凶，不拘任何元運皆可葬。三元風水之扦葬，著重於元運，只分辨元運之衰旺，不拘何局皆可扦葬，可以查詢墳穴後人之境況和遭遇作為考證，在此相比之下，兩家之優劣自然可見。

特此筆錄，以等待世上同好之人，這不是更加可以相信而無惑亂嗎！

清同治丙寅歲（公元一八六六年）嘉平月（十二月）下浣笠亭氏龍炳拜跋

跋－小杜氏陳詩

繼大師意譯

我（小杜氏陳詩）愛好風水地理，對於各種形勢理氣書籍，廣為閱讀，凡專說形勢的，其詞義明顯，不求甚解而亦能不致惑亂。至於在各書中之理氣諸法，各家雜出，百無一是，惑亂滋擾甚深，惟有《青囊經》、《天玉經》、《都天寶照經》、《天元五歌》，為楊（楊筠松）蔣（蔣大鴻）正宗之理氣書籍，但其內容詞義深奧，隱藏著天機妙訣，難以意會及揣測，每每欲想求明師指點傳授，而世上之風水地師，身為師傅者，又非得真傳之人，甚至有冒楊公蔣公而自認得真傳之人，當略為聽聞他們所說之後，考據青囊各書，如風馬牛不相及，怎能令人不疑惑呢！

後學在友人蔣潤生處，得此卷《三元地理辨惑》，翻閱一遍，有辨正問答百條，分辨真假詳細明白，能去除人們之疑惑，書以辨惑為名，各讀者們相信嗎？依照此方向，於此書所辨惑之處，逐條細心抽絲分析，始解開以前在風水書本上及學術上之疑惑，由此而更加清楚也。

環顧其書雖然說之甚明，其口訣隱藏甚密，極應更加求上進，否則莫能得其奧妙之處。前年冬天（公元一八八八年戊子年），乃得鐵嶺山人各種口訣，便以《青囊經》、《天玉經》、《都天寶照經》及此卷《三元地理辨惑》等書，在互相引證下，無不吻合，足以不被迷惑，令我相信這是真訣，馬泰青先生等於是我老師也。

查此卷《三元地理辨惑》來自安徽省，在粵東（廣東東面）坊間無此售本，朋友見之，各人爭相索之觀看，抄寫後仍然不足以應付朋友們之需求，即交付予刻版印刷，以廣傳後世。有風水同好者，若被偽書所惑亂，則可閱覽此卷《三元地理辨惑》，因此略為修飾幾句話語於卷尾，以記載其所惑及不惑之因由。

光緒十六年庚寅（公元一八九〇年）孟秋月上浣小杜氏陳詩跋於南雄分州官署

繼大師註：小杜氏陳詩從鐵嶺山人處得知各種口訣，註譯者繼大師查得《憾龍經疑龍經批注校補》一書內有署名「鐵嶺高其倬章之批點」，並於一八九二年出版，不排除高其倬（高文良、高章之）就是鐵嶺山人。

跋－繼大師

自從一九九九年己卯年冬，買了馬泰青先生所著的《三元地理辨惑》一書後，在閱讀期間，發覺與本人曾經學過的風水學理，有很多相似的地方。筆者繼大師在隨 呂師學習其間，恩師曾舉了一個關於元運的例子，茲述如下：

「以元運計算吉凶所應驗的時間來說，如在一八六四年上元一運造葬，立一運生旺之向，每廿年為一個小三元元運，一八八四年開始為二運，一九〇四年開始為三運，一九二四年開始為四運，一九四四年開始為五運，一九五四年交下元元運，墳碑踏入失元元運，若然不在失元元運內重修是不會影響吉凶的。」

呂師又說：「直到二〇二四年至二〇四四年下元九運內，一運以九運為煞，在墳碑踏入煞運後，穴之後人始衰敗，除非當代的後人，其近代祖先再得當元旺運之穴地，否則會使家道中落。當元煞運之地，切勿修造，否則凶禍立見。」

在《三元地理辨惑》內第四十二問其中云：大運六十年，小運二十年，何以一白運有一百六十年？

答曰：如上元「甲子」至「甲戌」二十年內，正值一白當運，造葬得運至大發之後，至二黑、三碧運內，則一白之運尚有餘氣，故仍發，至四、五、六、七、八各運內，運雖過，但亦無凶，故云有一百六十年運。

在蔣大鴻著《字字金》〈第十一〉〈三元氣運〉云：

「三元氣運。分別衰旺。衰死莫修。生旺宜速。逢時知士。隨元安放。運若未到。空勞夢想。衰運之墳。千萬莫修。煞氣驚動。一門立休。百禍相侵。神盡難救。勿動為吉。」

蔣公著《字字金》內關於〈三元氣運〉之說法，筆者繼大師解釋如下：

「三元元空之氣運，以六十四卦作立向，各有衰旺，無論陰墳或陽居，當逢煞運，切勿修造，若一驚動煞氣，百禍相侵，神仙也難救。若逢當運，修造後很快會得福報。知道這些道理的人，在適當元運時，立適當的向度，隨著元運的興旺而安葬或修造則大吉。若時運未到，則空勞夢想。」

以上這些三元空衰旺的立論原則，與本門學理相同，每次想起此書，都有一種想把它的文言文翻譯成白話文的衝動。由於筆者繼大師的文言文能力有限，昔逢一位文言文極佳的彭姓好友幫助，每每有不明的地方，便去請教他。

從二〇〇二年八月尾至十一月頭，大約用了三個多月的時間，晝夜不停，把它翻譯成白話文；此書放下了十八個年頭，直至二〇二〇年庚子年，再用了大半年時間，把它重新整理過來；務求使此書更加詳盡，又添加不少資料及插圖，翻譯此書，對稿修改接近十次，非常艱辛，可謂費盡心血。

筆者繼大師願有緣讀上此書的人，可以讀回一八六六年出版的風水書籍，能明白三元元空地理的精粹，使讀者們不再疑惑！

在未來際，榮光園將會製作更多線裝古本書籍系列，除了這本《三元地理辨惑白話真解》及《三元地理辨惑》外，將會有《地理辨正疏解》、《風水祖師蔣大鴻史傳》、《三元易盤地師呂克明傳》、《地理辨正精華錄》、《三元地理命卦精解》……等。

因線裝書要用人手製作，需時頗長，故會限量印制，以二百本為上限，會視乎讀者們的反應而作出調校；今向各讀者預先通告，祈望出版及製作得以順利完成。

繼大師寫於香港明性洞大

庚子年仲夏吉日

庚子年仲冬重修

《全書完》

榮光園有限公司出版有：

繼大師著作目錄

正五行擇日系列

1《正五行擇日精義初階》
2《正五行擇日精義中階》

風水巒頭系列

3《龍法精義初階》
4《龍法精義高階》

正五行擇日系列

5《正五行擇日精義進階》
6《正五行擇日秘法心要》
7《紫白精義全書初階》
8《紫白精義全書高階》
（附《紫白原本錄要》及八宅詳解）
9《正五行擇日精義高階》（附日課精解）
10《擇日風水問答錄》

風水巒頭系列

11《砂法精義一》
12《砂法精義二》

擇日風水系列

13《擇日風水尅應》

風水文章系列

14《風水謬論辨正》

風水巒頭系列

15《大都會風水秘典》
16《大陽居風水秘典》

風水古籍註解系列

17《三元地理辨惑》馬泰青著（繼大師標點校對）
18《三元地理辨惑白話真解》馬泰青著
（繼大師意譯及註解）

未出版：

大地遊踪系列

19《大地墳穴風水》
20《風水秘義》
21《風水靈穴釋義》
22《香港風水穴地》
23《中國廟宇風水》
24《香港廟宇風水》
25《港澳廟宇風水》
26《廟宇風水傳奇》
27《大地風水遊踪》
28《大地風水神異》
29《大地風水傳奇》

風水古籍註解系列

30《青烏經暨風水口義釋義註譯》
31《管號詩括暨葬書釋義註解》
32《管氏指蒙雜錄釋義註解》
33《千金賦說文圖解註解》
34《雪心賦圖文解義》（全四冊）（繼大師註解）

三元易盤卦理系列

35《地理辨正疏解》（線裝書系列）
黃石公傳　赤松子述義　楊筠松著
曾求己著　蔣大鴻註及傳　姜垚註
張心言疏　繼大師註解
36《三元地理命卦精解》（線裝書系列）
37《地理辨正精華錄》（線裝書系列）

風水明師史傳系列

38《風水祖師蔣大鴻史傳》（線裝書系列）
39《三元易盤風水地師呂克明傳》（線裝書系列）

榮光園有限公司簡介

榮光園以發揚中華五術為宗旨的文化地方，以出版五術書籍為主，首以風水學，次為占卜學，再為擇日學。

風水學以三元易卦風水為主，以楊筠松、蔣大鴻、張心言等風水明師為理氣之宗，以形勢「巒頭」為用。占卜以文王卦為主，擇日以楊筠松祖師的正五行造命擇日法為主。

為闡明中國風水學問，用中國畫的技法劃出山巒，以表達風水上之龍、穴、砂及水的結構，以國畫形式出版，亦將會出版中國經典風水古籍，加上插圖及註解去重新演繹其神韻。

日後榮光園若有新的發展構思，定當向各讀者介紹。

註譯者簡介

出生於香港的繼大師，年青時熱愛於宗教、五術及音樂藝術，八七至九六年間，隨呂克明先生學習三元陰陽二宅風水及正五行擇日等學問，於八九年拜師入其門下。

《三元地理辨惑白話真解》（繼大師意譯及註解）

出版社 ： 榮光園有限公司 Wing Kwong Yuen Limited
香港新界葵涌大連排道35-41號, 金基工業大廈12字樓D室
Flat D, 12/F, Gold King Industrial Building,
35-41 Tai Lin Pai Road, Kwai Chung, N.T., Hong Kong
電話 ：(852) 6850 1109
電郵 ：wingkwongyuen@gmail.com

發行：香港聯合書刊物流有限公司 SUP Publishing Logistics (HK) Limited
地址：香港新界荃灣德士古道220～248號荃灣工業中心16樓
16/F, Tsuen Wan Industrial Centre, 220-248 Texaco Road, Tsuen Wan, NT, Hong Kong
電話：(852) 2150 2100
電郵：info@suplogistics.com.hk

印刷：榮光園有限公司 Wing Kwong Yuen Limited
註譯者：繼大師
電郵：masterskaitai@gmail.com
網誌：kaitaimasters.blogspot.hk

版次：2021年1月 第一次版
定價：HK$198

ISBN 978-988-79095-7-6